图书在版编目（CIP）数据

语文地图．杏花春雨江南 / 诸荣会主编．-- 南京：江苏凤凰教育出版社，2018.5

ISBN 978-7-5499-7345-3

Ⅰ．①语… Ⅱ．①诸… Ⅲ．①语文课—中小学—课外读物 Ⅳ．① G634.303

中国版本图书馆 CIP 数据核字 (2018) 第 108799 号

书　　名	**语文地图 杏花春雨江南**
主　　编	诸荣会
责任编辑	陆　琼
出版发行	江苏凤凰教育出版社（南京市湖南路 1 号 A 楼　邮编：210009）
苏教网址	http://www.1088.com.cn
照　　排	南京新华丰制版有限公司
印　　刷	溧阳市金宇包装印刷有限公司
厂　　址	溧阳市埭头工业园埭中路 28 号
开　　本	718 mm × 1000 mm　1/16
印　　张	16
版　　次	2018 年 5 月第 1 版 2018 年 6 月第 1 次印刷
书　　号	ISBN 978-7-5499-7345-3
定　　价	49.80 元
网店地址	http://jsfhjycbs.tmall.com
公 众 号	江苏凤凰教育出版社（微信号：jsfhjyfw）
邮购电话	025-83658677，025-83658679
盗版举报	025-83658579

再版前言

《语文地图》再版，是预料之中的事！

作为该书的编者，这倒并不仅仅是信了那“一份耕耘一份收获”的古训，即因为自己当年对它的策划、编辑、校对等扪心自问是花了心思的；而是因为它首版的当年，就曾多次加印，不仅被中宣部及安徽、河南等省列入“农家书屋”装备用书目录，而且还通过国家正规版权输出渠道，在香港、新加坡等华文地区出版发行了数量不小的繁体中文版——这一切足可证明，作为一套中学生课外阅读书，它事实上已超出了当初编辑时设定的读者定位。

的确，“读万卷书，行万里路”，既是学生学好语文的秘诀，也是一般人提高文学水平的根本。然而，对于许多人来说常常是鱼和熊掌难以兼得。有的读者，或许正读着“万卷书”，却无法去“行万里路”，借助于《语文地图》即可进行一次纸上的旅行；有的读者，或许“行万里路”的机会多多，但却不可能重回学校“读万卷书”了，出门时携一卷《语文地图》，寂寞的旅程会变得充实而温暖！或许只是巧合，记得《语文地图》首次出版的当年，江苏省南京市的中考作文题竟然是“带上一本书去旅行”，《语文地图》竟有幸成了那一年南京市中考考生作文中“去旅行”时所带上的那“一本书”，这也足以可见该书是多么的让广大学子对它心有戚戚呵！今再次重排再版，正是响应广大读者的需要。

这次重排再版，为了保持原书已被读者实际认可的风貌，内容上未作太大改变，只对少数地方进行了必要的完善和修订，编排方面则重新设计了版式和四封，增加和替换上了许多新的图片，并采用了全彩印刷，也是为了让它以更光鲜的面目出现在读者的面前，以不负广大读者对它的厚爱。

只是这新版的《语文地图》到底怎样，还请读者朋友读后把你的意见和感受告知我们，因为我们坚信，它还会重印、再版。

诸荣会

2018年4月9日

（诸荣会　作家、书法家，现在在江苏凤凰教育出版社工作，历任编辑、副编审、杂志社社长兼主编等）

序言

中国是一个文化悠久、幅员辽阔的国家，古往今来的许多名篇佳作，既属于产生它们的历史时代，同时也属于一定的文化地域，有的本身已成为了地域文化的一部分，若将它们放置到一定的文化地域中进行语文阅读和文化观照，无疑是有利于我们将这些作品读懂、读深、读透的。因此，《语文地图》虽只是一部供中学生阅读的语文课外读物，但编辑创意是具有学术眼光的，同时也可谓别具匠心；这也正是它高出目前市面上一般教辅之所在，也是我乐意将它推荐给广大中学师生的原因。

“读万卷书，行万里路”，历来都既是一般人提高文学水平和文化素养的根本，也是学生学好语文的秘诀。《语文地图》的编辑创意或许正是来自于此吧！然而，人们事实上许多时候是鱼和熊掌难以兼得的，尤其是现在的中学生，不要说他们中许多人根本就没有“行万里路”的家庭经济条件，就是家庭经济条件较好的学生，他们的课业负担是那么的重，也很难有“行万里路”的时间和精力。《语文地图》或许正可以为广大的中学生在这方面作一些弥补。

我近年来对中学语文教学一直十分关注，但是据我了解，由于种种复杂的原因，目前中学语文教学的现状是难以令人乐观的，普遍的现象是，许多的中学生对于语文课缺乏应有的热情，其中的原因当然十分复杂，是非三言两语所能说清的，这里我只想对广大的中学生朋友说一句：如果你想提升对语文的热情，不妨借助《语文地图》进行一次纸上的旅行吧，或许再上语文课，你就会获得一种别样的精彩！如果你在难得的假期出门旅游，又不想让这样难得的幸运成为一种奢侈，那么就请携上一卷《语文地图》吧，你的心灵就不仅仅会在自然景观中得到悠闲，而且会在语言的景观中发现新的精神家园。

我之所以在这里对中学生朋友这样说，是因为《语文地图》作为一套语文课外读物，对于广大中学生来说至少具有三个方面的实际意义：

第一，本书除了对课本中那些熟悉的精美诗词、古今美文，进行形象的知识解读和全新的文化定位外，更选取与它们相关、相似，互通、互证的名家名篇、新人新作——读者对它们的阅读，无意间便从课内读到了课外。

第二，书中所收古今精美诗文，皆以地理分区和文化地域为单元、以城市为支点编排，一册在手，读者在获得阅读享受的同时，定然万千里江山奔来眼底，数千年往事注到心头——语文在无意间便完成了与地理、历史的对接。

第三，那些耳熟能详的唐诗宋词，那些脍炙人口的古今美文，本书力求让其回到它们文化的“原产地”，为读者指出它们属于哪座山，哪条河，哪座城市，哪条街道，甚至哪座亭子、楼阁和墓碑……你可以循着它们，选择一个假期，去完成一次文化之旅——你便踩着诗人的足迹，既从今天走向了古代，也从课堂走进了生活。

总之，《语文地图》有如一座有效沟通课内与课外、语文与生活、语文教学与各学科教学的桥梁，而这样的一种沟通，又正是我们今天语文新一轮课程改革所需要的。

据我所知，“语文地图”本是《新语文学习》杂志的一个品牌栏目，这一栏目自开设以来一直深受读者欢迎，证据之一便是杂志发行量逐年上升，这在今天众所周知的情况下实属不易。这次编辑部又将这一栏目再作精心编辑、充实，集中成书出版，亦可谓“多年磨一剑”，相信定会得到广大读者的欢迎。

孙绍振

2010年4月28日

（孙绍振　著名学者、作家，福建师大教授、博士生导师，北师大版中学语文教材主编）

目录

上编：我欲因之梦吴越

虎踞龙蟠今胜昔——南京

映月二泉洗客心——无锡

夜半钟声到客船——苏州

一江春水向东流——上海

江南忆，最忆是——杭州

沈氏园中错错错——绍兴

二十四桥明月夜——扬州

春风又绿江南岸——镇江

江城如画桥如虹——宣城

下编：楚天千里望清秋

醉翁之意不在酒——滁州

黄梅一曲天仙配——安庆

江城五月落梅花——武汉

芙蓉国里尽朝晖——长沙

滕王高阁临江渚——南昌

上编

我欲因之梦吴越

虎踞龙蟠今胜昔

南京

【图说】

“江南佳丽地，金陵帝王州。”南京是著名的历史文化名城，是中国四大古都之一。

南京有着近 2500 年的建城史，自公元 3 世纪以来，先后有东吴、东晋和南朝的宋、齐、梁、陈，以及南唐、明、太平天国、中华民国 10 个朝代和政权在此建都，故有“六朝古都”“十朝都城”之称，现为江苏省省会，简称宁。

南京交通位置重要，为国家综合交通枢纽、国家重要创新基地、区域现代服务中心、长三角先进制造业基地、滨江生态宜居城市、长三角承东启西的国家重要中心城市。

南京名胜古迹众多，如中山陵、明孝陵、秦淮河、乌衣巷、明城墙、玄武湖、莫愁湖、雨花台、鸡鸣寺等，皆以自然环境优美、人文积淀丰厚而蜚声中外。

【走读】

走过南京的街巷

◎柳　岸

走在南京的街巷里，我常常生出一种鱼在水中漫游的感觉。

南京有世界上最大、保存最完整的古城池，城池的这个“池”字很形象，它最好地诠释了南京像一片水域——似乎是从历史长河中截出了那么一段。

南京的楼房参参差差，就如同水中的地形高高低低。那些摩天大楼，是水中新长出的岛屿，上面不乏成功的冒险家；而那些低矮的民房与有名的故居、祠宇，便是淹没在水中的沉船，其中藏着太多的历史秘密。那些随处可见的梧桐、雪松、水杉，生长在城市的空气中，正如同缠绵的水草漂荡在透明着阳光的清水中。那些纵横交错的大街小巷，如同水下错综

鸟瞰甘熙故居

复杂的沟谷；而城市的大街小巷里来往奔走的人儿，便是在水中游动的鱼儿——鱼儿是喜欢在水底的沟谷中游弋的。

旧民居

第一眼瞥见南京的街道，是在孩提时期看过的一部记录文革中某次大游行的《新闻简报》中：六月天里，骄阳似火，可阳光照不透街道上空梧桐叶织成的绿荫，如同阳光照不透水草的绿荫一般。一队队身穿盛装的人们兴奋地在街上走来走去，背景是灰暗的店铺、破败的老楼——如同沉没在历史长河中的一条条破船。那是三十多年前，我正在江南乡村的一座祠堂里上学。当我少年的灵性被理想与现实的双重负重压得难以喘息时，南京对于我来说只是遥远的梦境里一个模糊而温馨的镜头：一列火车从夜晚的长江大桥上高速驶过，那一方方明亮而温馨的车窗，互相追赶着从江上凌空游过，如一条巨大无比的鱼，直游进这座灰暗破旧的城市——这片有着许多历史沉船的水域。这个现代和古老怪异地组合在一起的镜头，就像一道神谕，呼唤着我从遥远的乡村向南京一步步地走来。

终于来到了南京，颇有几分得意和幸福，倒不是因为南京给了我一个体面的工作和一份不菲的薪水，而是从此可以随意徜徉在心仪已久的南京的街巷里，一如鱼儿找到了冷暖自宜的水域。在南京落脚后的第一个午后，我把行李一放，就性急地骑上一辆从朋友那里借得的自行车，在那些大大小小、长长短短、曲曲折折的大街小巷里悠游起来。我首先来到了中山路，那里的人流和车流永远都是那么络绎不绝、浩浩荡荡，我从上面驶过，遵守着规则，顺应着方向。这让我想起先行者的那句名言“世界潮流，浩浩荡荡，顺之者昌，逆之者亡”，并对其涵义获得了一种最切身的感性体验。我又来到了鼓楼市民广场，那里号称是这座城市的名片。果然，那里充满了阳光，更充满了温馨和闲适，一切全没有别的都市中那种快的节奏和强的竞争。人们在花间闲逛，在树下闲聊，尽情享受着阳光，也享受着各自的一份闲适，如同鱼儿在水中嬉戏。

老街

台城

随着我在南京一天天住下，我发现我最爱钻的还是那些古老的巷子，每一条寻常巷陌，历史的沉淀竟是那么丰富：随处可见古旧的雕花窗格、粗朴的石刻辟邪、漆黑的滴水瓦当，以及立着瓦菲的门头、爬满青苔的石桌、探出院墙的红杏。它们让我走在深巷中有一种与生活水乳交融的感觉，于是院子里子落棋盘的声响一起一息，雕窗里婴儿动听的啼哭声高声低，小学生背诵唐诗的语调平平仄仄，听起来是那么煽情。有一天，我无意间走进了城南的一条寻常小巷。那里的门牌告诉我这条巷子名叫“评事街”，我一时竟怀疑自己闯进了民国时的一张报纸的版面——这三个方块的汉字不正是当年名著一时的那个时事副刊的名称吗？哦，那些泛黄的报纸原来都沉到了历史的水下，成了眼前的这一片低矮的民居，你看，它们黑压压，密匝匝，正如报纸上密密麻麻的字。还有一次，我从一条林荫大道上低头前行，一抬头，两个大字惊得我出了一身冷汗“午门”——让我似乎听到了一声喝令：“推出午门，斩首示众！”然而，眼前午门尚在，深宫已没，没入了历史的长河中，没入了南京这一片保守着太多历史秘密的水域中。

有一年时间，我每天上下班都要从两座小山脚下经过，并看见山上的两座宝塔，查书后才知道，那两座山，一座叫覆舟山，一座叫鸡笼山。那两座宝塔，一座塔下曾珍藏过玄奘大师顶骨舍利，而另一座下面，竟就是历史上著名的台城。那么，那口胭脂井也在那里了？我想。南京的街头巷尾到处都有历史的暗符，而每一个暗符，似乎都有一个难言的故事。“江雨霏霏江草齐，六朝如梦鸟空啼。无情最是台城柳，依旧烟笼十里堤。”最无情的哪是那台城的柳树呵，分明是那看不见的但永远起起落落的历史的潮水。

秦淮河东水关

我曾多次在第三十层楼的办公室里向四方眺望自己每日生活的这座城市，不止一次地俯瞰着那些匍匐在摩天大楼脚下的密密匝匝、参参差差的古旧房舍，心想，沉没在水下的历史不就是这个样子吗？我每天清晨和黄昏都要在南京的街巷里走过，上班，下班，我成了这个城市上班族中的普通一员。这是我在许多年前曾梦寐以求的。但随着我对这座城市的熟悉，我更加觉得，我走在南京的街巷里，如同一尾鱼游弋在水流中，游弋在历史中，而且渐渐觉得这是做一个南京人的奢侈和幸福。当然，不是每一个南京人都有这种游弋在历史中的感觉的，因为南京这一“池”似乎溢出了时代潮流的水，与邻居上海相比，显得过于宁静、安详了些。然而，南京毕竟不是一片普通的水域，而是从历史长河中截出的一段，用死水一潭来形容它是一个极大的错误，它的宁静意味着它在蓄势，一旦时机成熟，便会奔腾咆哮，释放出巨大的能量。这样想过之后，我每次走在南京的街巷里，就觉出自己做一尾鱼的幸福，因为，等到有一天，南京的闸门一旦打开，自己将与蓄足了势的水流一起奔向广阔的大海。

【胜 迹】

游览建议路线

石头城 — 秦淮河（夫子庙、江南贡院、乌衣巷）— 雨花台 — 中山（明孝

南京名胜分布示意图

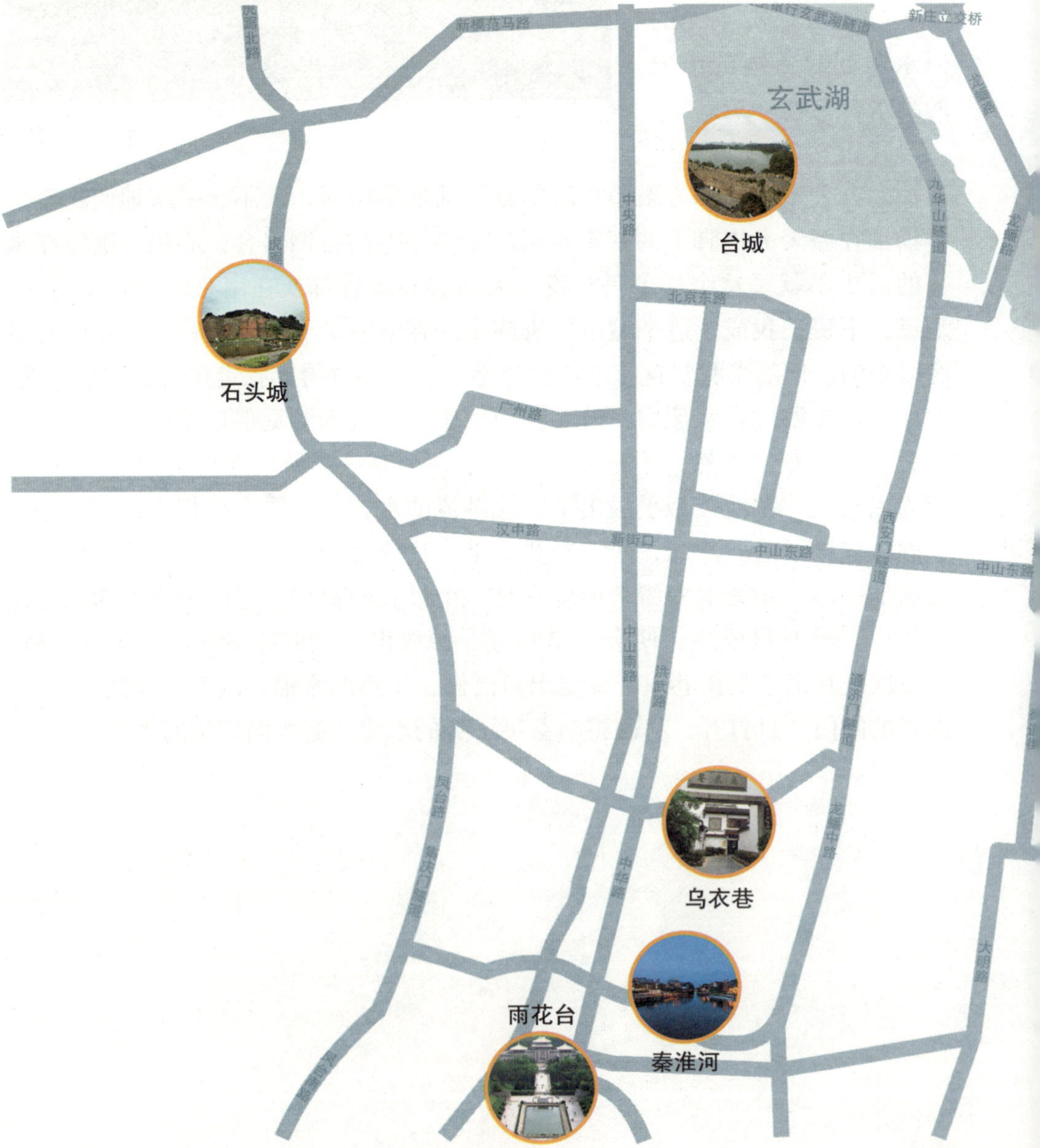

乌衣巷

【唐】刘禹锡

朱雀桥边野草花，
乌衣巷口夕阳斜。
旧时王谢堂前燕，
飞入寻常百姓家。

刘禹锡像

泊秦淮

【唐】杜　牧

烟笼寒水月笼沙，
夜泊秦淮近酒家。
商女不知亡国恨，
隔江犹唱后庭花。

杜牧像

台　城

【唐】韦　庄

江雨霏霏江草齐，
六朝如梦鸟空啼。
无情最是台城柳，
依旧烟笼十里堤。

韦庄像

书湖阴先生壁

【宋】王安石

茅檐长扫净无苔，
花木成畦手自栽。
一水护田将绿绕，
两山排闼送青来。

王安石像

雨花台

鲁　迅

大江日夜向东流，聚义群雄又远游。
后代倚罗成旧梦，石头城上月如钩。
雨花台边埋断戟，莫愁湖里余微波。
所思美人不可见，归忆江天发浩歌。

鲁迅像

【名篇】

桨声灯影里的秦淮河

◎ 俞平伯

我们消受得秦淮河上的灯影，当圆月犹皎的仲夏之夜。

在茶店里吃了一盘豆腐干丝、两个烧饼之后，以歪歪的脚步踅上夫子庙前停泊着的画舫，就懒洋洋躺到藤椅上去了。好郁蒸的江南，傍晚也还是热的。“快开船罢！”桨声响了。

小的灯舫初次在河中荡漾；于我，情景是颇朦胧，滋味是怪羞涩的。我要错认它作七里的山塘；可是，河房里明窗洞启，映着玲珑入画的曲栏干，顿然省得身在何处了。佩弦呢，他已是重来，很应当消释一些迷惘的。但看他太频繁地摇着我的黑纸扇。胖子是这个样怯热的吗？

又早是夕阳西下，河上妆成一抹胭脂的薄媚。是被青溪的姊妹们所熏染的吗？还是匀得

秦淮夜景

她们脸上的残脂呢？寂寂的河水，随双桨打它，终是没言语。密匝匝的绮恨逐老去的年华，已都如蜜饧似的融在流波的心窝里，连呜咽也将嫌它多事，更哪里论到哀嘶。心头，宛转的凄怀；口内，徘徊的低唱；留在夜夜的秦淮河上。

秦淮河牌坊

在利涉桥边买了一匣烟，荡过东关头，渐荡出大中桥了。船儿悄悄地穿出连环着的三个壮阔的涵洞，青溪夏夜的韶华已如巨幅的画豁然而抖落。哦！凄厉而繁的弦索，颤岔而涩的歌喉，杂着吓哈的笑语声，劈啪的竹牌响，更能把诸楼船上的华灯彩绘，显出火样的鲜明，火样的温煦了。小船儿载着我们，在大船缝里挤着、挨着、抹着走。它忘了自己也是今宵河上的一星灯火。

既踏进所谓“六朝金粉气”的销金锅，谁不笑笑呢！今天的一晚，且默了滔滔的言说，且舒了恻恻的情怀，暂且学着，姑且学着我们平时认为在醉里梦里的他们的憨痴笑语。看！初上的灯儿们一点点掠剪柔腻的波心，梭织地往来，把河水都皴得微明了。纸薄的心旌，我的，尽无休息地跟着它们飘荡，以致于怦怦而内热。这还好说什么的！如此说，诱惑是诚然有的，且于我已留下不易磨灭的印记。至于对榻的那一位先生，自认曾经一度摆脱了纠缠的他，其辩解又在何处？这实在非我所知。

我们，醉不以涩味的酒，以微漾着、轻晕着的夜的风华。不是什么欣悦，不是什么慰藉，只感到一种怪陌生、怪异样的朦胧。朦胧之中似乎胎孕着一个如花的笑——那么淡、那么淡的倩笑。淡到已不可说，已不可拟，且已不可想；但我们终久是眩晕在它离合的神光之下的。我们没法使人信它是有，我们不信它是没有。勉强哲学地说，这或近于佛家的所谓“空”，既不当鲁莽说它是“无”，也不能径直说它是“有”。或者说“有”是有的，只因无可比拟形容那“有”的光景，故从表面看，与“没有”似不生分别。若定要我再说得具体些：譬如东风初劲时，直上高翔的纸鸢，牵线的那人儿自然远得很了，知她是哪一家呢？但凭那鸢尾一缕飘绵的彩线，便容易揣知下面的人寰中，必有微红的一双素手，卷起轻绡的广袖，牢担荷小纸鸢儿的命根。飘翔岂不是东风的力，又岂不是纸鸢的含德；但其根株却将另有所寄。请问，这和纸鸢的省悟与否有何关系？故我们不能认笑是非有，也不能认朦胧即是笑。我们定应当如此说，朦胧里胎孕着一个如花的幻笑，和朦胧又互相混融着的；因它本来是淡极了、淡极了这么一个。

漫题那些纷繁的话，船儿已将泊在灯火的丛中去了。对岸有盏跳动的汽油灯，佩弦便硬说它远不如微黄的灯火。我简直没法和他分证那是非。

秦淮河

时有小小的艇子急忙忙打桨，向灯影的密流里横冲直撞。冷静孤独的油灯映见黯淡已久的画船头上，秦淮河姑娘们的靓妆。茉莉的香、白兰花的香、脂粉的香、纱衣裳的香……微波泛滥出甜的暗香，随着她们那些船儿荡，随着我们这船儿荡，随着大大小小一切的船儿荡。有的互相笑语，有的默然不响，有的衬着胡琴亮着嗓子唱。一个，两三个，四五六七个，比肩坐在船头的两旁，也无非多添些淡薄的影儿葬在我们的心上——太过火了，不至于罢，早消失在我们的眼皮上。谁都是这样急忙忙地打着桨，谁都是这样向灯影的密流里冲着撞；又何况久沉沦的她们，又何况飘泊惯的我们俩。当时浅浅的醉，今朝空空的惆怅；老实说，咱们萍泛的绮思不过如此而已，至多也不过如此而已。你且别讲，你且别想！这无非是梦中的电光，这无非是无明的幻相，这无非是以零星的火种微炎在大欲的根苗上。扮戏的咱们，散了场一个样，然而，上场锣，下场锣，天天忙，人人忙。看！吓！载送女郎的艇子才过去，货郎担的小船不是又来了？一盏小煤油灯，一舱的什物，他也忙得来像手里的摇铃，这样丁冬而郎当。

杨枝绿影下有条华灯璀璨的彩舫在那边停泊。我们那船不禁也依傍短柳的腰肢，欹侧地歇了。游客们的大船，歌女们的艇子，靠着。唱的拉着嗓子；听的歪着头，斜着眼，有的甚至于跳过她们的船头。如那时有严肃些的声音，必然说："这哪里是什么旖旎风光！"咱们真是不知道，只模糊地觉着在秦淮河船上板起方正的脸是怪不好意思的。咱们本是在旅馆里，为什么不早早入睡，掂着牙儿，领略那"卧后清宵细细长"，而偏这样急急忙忙跑到河上来无聊浪荡？

还说那时的话，从杨柳枝的乱鬓里所得的境界，照规矩，外带三分风华的。况且今宵此地，动荡着有灯火的明姿；况且今宵此地，又是圆月欲缺未缺、欲上未上的黄昏时候。叮当的小锣，咿呀的胡琴，沉甸的大鼓……弦吹声腾沸遍了三里的秦淮河。喳喳嚷嚷的一片，分不出谁是谁，分不出哪儿是哪儿，只有整个的繁喧来把我们包填，仿佛都抢着说笑，这儿夜夜尽是如此的，不过初上城的乡下佬是第一次呢。真是乡下人，真是第一次。

穿花蝴蝶样的小艇子多到不和我们相干。货郎担式的船，曾以一瓶汽水之故而拢近来，这是真的。至于她们呢，即使偶然灯影相偎而切掠过去，也无非瞧见我们微红的脸罢了，不见得有什么别的。可是，夸口早哩！——来了，竟向我们来了！不但是近，且拢着了。船头傍着，船尾也傍着；这不但是拢着，且并着了。厮并着倒还不很要紧，且有人扑通地跨上我们的船头了。这岂不大吃一惊！幸而来的不是姑娘们，还好。（她们正冷冰冰地在那船头上。）来人年纪并不大，神气倒怪狡猾，把一本破烂的手折，摊在我们眼前，让细瞧那些戏目，好好儿点个唱。他说："先生，这是小意思。"诸君，读者，怎么办？

好，自命为超然派的来看榜样！两船挨着，灯光愈皎，见佩弦的脸又红起来了。那时的我是否也这样？这当转问他。（我希望我的镜子不要过于给我下不去。）老是红着脸终久不能打发人家走路的，所以想个法子在当时是很必要。说来也好笑，我的老调是一味的默，或干脆说个"不"，或者摇摇头，摆摆手表示"决不"。如今都已使尽了。佩弦便进了一步，他嫌我的方术太冷漠了，又未必中用，摆脱纠缠的正当道路唯有辩解。好吗！听他说："你不知道？这事我们是不能做的。"这是诸辩解中最简洁、最漂亮的一个。可惜他所说的"不知道？"来人倒真有些"不知道！"辜负了这十二分聪明的反语。他想得有理由，你们为什么不能做这事呢？因这"为什么"佩弦又有进一层的曲解。哪知道更坏事，竟只博得那些船上人的一哂而去。他们平常虽不以聪明名家，但今晚却又怪聪明，如洞彻我们的肺肝一样的。这故事即我情愿讲给诸君听，怕有人未必愿意哩。"算了罢，就是这样算了罢"，恕我不再写下了，以外的让他自己说。

叙述只是如此，其实那时联翩而来的，我记得至少也有三五次。我们把它们一个一个打发走路。但走的是走了，来的还正来。我们可以使它们走，我们不能禁止它们来。我们虽不轻被摇撼，但已有一点杌陧了。况且小艇上总载去一半的失望和一半的轻蔑，在桨声里仿佛狠狠地说："都是呆子，都是吝啬鬼！"还有我们的船家（姑娘们卖个唱，他可以赚几个子的佣金）眼看

秦淮河夜景

她们一个一个地去远了，呆呆地蹲踞着，怪无聊赖似的。碰着了这种外缘，无怒亦无哀，唯有一种情意的紧张，使我们从颓弛中体会出挣扎来。这味道倒许很真切的，只恐怕不易为倦鸦似的人们所喜。

曾游过秦淮河的到底乖些。佩弦告船家：“我们多给你酒钱，把船摇开,别让他们来啰嗦。”自此以后，桨声复响，还我以平静了，我们俩又渐渐无拘无束舒服起来，又滔滔不断地来谈谈方才的经过。今儿是算怎么一回事？我们齐声说，欲的胎动无可疑的。正如水见波痕轻婉已极，与未波时究不相类。微醉的我们，洪醉的他们，深浅虽不同，却同为一醉。接着来了第二问，既自认有欲的微炎，为什么艇子来时又羞涩地躲了呢？在这儿，答语参差着。佩弦说他的是一种暗昧的道德意味，我说是一种似较深沉的眷爱。我只背诵岂君的几句诗给佩弦听，望他曲喻我的心胸。可恨他今天似乎有些发钝，反而追着问我。

前面已是复成桥。青溪之东，暗碧的树梢上面微耀着一桁的清光。我们的船就缚在枯柳桩边待月。其时河心里晃荡着的，河岸头歇泊着的各式灯船，望去，少说点也有十廿来只。唯不觉繁喧，只添我们以幽甜。虽同是灯船，同是秦淮，同是我们；却是灯影淡了，河水静了，我们倦了——况且月儿将上了。灯影里的昏黄和月下灯影里的昏黄原是不相似的，又何况入倦的眼中所见的昏黄呢。灯光所以映她的秾姿，月华所以洗她的秀骨，以蓬腾的心焰跳舞她的盛年，以饧涩的眼波供养她的迟暮。必如此，才会有圆足的醉，圆足的恋，圆足的颓弛，成熟了我们的心田。

犹未下弦，一丸鹅蛋似的月，被纤柔的云丝们簇拥上了一碧的遥天。冉冉地行来，冷冷地照着秦淮。我们已打桨而徐归了。归途的感念，这一个黄昏里，心和境的交萦互染，其繁密殊超我们的言说。主心主物的哲思，依我外行人看，实在把事情说得太嫌简单，太嫌容易，太嫌分明了，实有的只是浑然之感。就论这一次秦淮夜泛罢，从来处来，从去处去，分析其间的成因自然亦是可能；不过求得圆满足尽的解析，使片段的因子们合拢来代替刹那间所体验的实有，这个我觉得有点不可能，至少于现在的我们是如此的。凡上所叙，请读者们只看作我归来后，回忆中所偶然留下的千百分之一二微薄的残影。若所谓“当时之感”，我决不敢望诸君能在此中窥得。即我自己虽正在这儿执笔构思，实在也无从重新体验出那时的情景。说老实话，我所有的只是忆。我告诸君的只是忆中的秦淮夜泛。至于说到那“当时之感”，这应当去请教当时的我。而他久飞升了，无所存在。

…………

凉月凉风之下，我们背着秦淮河走去，悄默是当然的事了。如回头，河中的繁灯想定是依然。我们却早已走得远，“灯火未阑人散”；佩弦，诸君，我记得这就是在南京四日的酣嬉，将分手时的前夜。

一九二三，八，二二，北京。

（有删改）

【链接】

秦淮河是南京第一大河，秦淮河分内河和外河，内河在南京城中，是十里秦淮最繁华之地。秦淮河的源头有两处，东部源头出自句容市宝华山，南部源头出自溧水县东庐山，两个源头在江宁区的方山埭交汇，从东水关流入南京城。秦淮河由东向西横贯市区，南部从西水关流出，注入长江。

俞平伯（1900—1990）

古典文学研究家，红学家，诗人，作家，与胡适并称“新红学派”的创始人。他出身名门，早年以新诗人、散文家享誉文坛。他积极参加五四新文化运动，精研中国古典文学，执教于著名学府，是一位热忱的爱国者和具有高尚情操的知识分子。

五城记·南京

◎ 余秋雨

六朝金粉足能使南京名垂千古，何况它还有明、清两代的政治大潮，还有近代和现代的殷殷血火。

许多事，本来属于全国，但一到南京，便变得特别奇崛，让人久久不能释怀。历代妓女多得很，哪像明末清初的“秦淮八艳”，那样具有文化素养和政治见识，使整整一段政治文化史都染上了艳丽色彩？历代农民起义多得很，哪像葬身紫金山的朱元璋和把南京定都为天京的洪秀全，那样叱咤风云，闹成如此气象？历代古都多得很，哪像南京，直到现代还一会儿被外寇血洗全城，一会儿在炮火中作历史性永诀，一次次搞得地覆天翻？

石头城

中华民族就其主干而言，挺身站起于黄河流域。北方是封建王朝的根基所在，一到南京，受到楚风夷习的侵染，情景自然就变得怪异起来。南京当然也要领受黄河文明，但它又偏偏紧贴长江，这条大河与黄河有不同的性格。南京的怪异，应归因于两条大河的强力冲撞，应归因于一个庞大民族的异质聚汇。

这种冲撞和聚汇，激浪喧天，声势夺人。因此，南京城的气魄，无与伦比，深深铭刻着南北交战的宏大的悲剧性体验。玄武湖边上的古城墙藤葛拂拂，明故宫的遗址仍可寻访，鸡鸣寺的钟声依稀能闻，明孝陵的石人石马巍然端立，秦淮河的流水未曾枯竭，夫子庙的店铺重又繁密，栖霞山的秋叶年年飘落，紫金山的架势千载不移，中山陵、灵谷寺的林荫道，永远是那样令人心醉。

别的故都，把历史浓缩到宫殿；而南京，把历史溶解于自然。在南京，不存在纯粹学术性的参观，也不存在可以舍弃历史的游玩。北京是过于铺张的聚集，杭州是过于拥挤的沉淀，南京既不铺张也不拥挤，大大方方地畅开一派山水，让人去读解中国历史的大课题。我多次对南京的朋友说，一个对山水和历史同样寄情的中国文人，恰当的归宿地之一是南京。除了夏天太热，语言不太好听之外，我从不掩饰对南京的喜爱。

心中珍藏的千古名诗中，有不少与南京有

古秦淮牌坊

紫金山

关，其中尤以刘禹锡的《石头城》为最：

山围故国周遭在，
潮打空城寂寞回。
淮水东边旧时月，
夜深还过女墙来。

1000多年前的诗人已把怀古的幽思开拓到如此气派，再加上1000年，南京城实在是气可吞天。

余秋雨（1946— ）

教授，曾任上海戏剧学院副院长、院长、荣誉院长，国际知名的学者和作家。其文化散文集，在20世纪90年代至21世纪初的中国大陆最畅销书籍中占据了非常重要的地位，在台湾、香港等地区也有很大的影响。

【今作】

一条在诗意中延伸的小巷（节选）

◎言 者

一

一位从台湾回乡省亲的老兵，是个书法爱好者，不知在何处看到了我为他人写的条幅，说是很喜欢我的字，于是他在亲属的陪同下几经转折找到我，希望我能为他写一幅字，好让他带回台湾作个纪念。有人如此看重自己的字，我当然十分高兴，于是赶紧展纸濡墨，问：“写点儿什么呢？”答曰：“随便！随便！”于是我便“随便”地选了一首写熟了的唐诗写将起来。写成后自然让那位老兵看一看，也问一句是否满意，算是一种必要的客气。没想到的是，此时竟发生了颇具戏剧性的一幕：他面对着我刚写过的这张宣纸，用一种近乎苍凉的嗓音将四句墨迹未干的唐诗念了一遍后，干涸的眼窝

乌衣巷

中竟溢出了两颗浑浊的老泪。这让我一时真有点手足无措，好在他很快便用手绢擦去了泪水，并自嘲："人老了就是这样，见笑，见笑！"接着连声说："写得好，写得好！"至此，我才发现自己"随便"抄录的这首刘禹锡的《乌衣巷》真是送对人了。当然，我更知道他此时所说的"写得好"，更多的意思是指诗，而非字。

客人走了，我的思绪却一下子收不回来。将这首《乌衣巷》又在心中吟咏几遍，品味再三，仍觉得意犹未尽，便索性骑上自行车奔乌衣巷而去。

其实，秦淮河边现今的这条巷子我已不知道去过多少次了，它长不过百米，是一条地地道道的陋巷，但巷口牌楼上那敦厚的"乌衣巷"三字，以及镶在墙上的那块毛泽东手书刘禹锡诗的碑刻，又分明提醒着人们它并不是一条普通的陋巷。正是因此，这条似乎并无可看之处的巷子让我总觉得看不够。

我在巷内缓缓独步，巷内的游人也并不多，一会儿便从巷口走到了巷尾，见午后的斜阳照在巷子一侧的粉墙上，最通俗不过地阐释着"乌衣巷口夕阳斜"的诗意。有两位外地人模样的游客与我擦肩而过时，我分明听到有一位似乎自言自语地诘问："这就是乌衣巷？！"像这样的诘问，我差不多每次来乌衣巷都能听到，特别是那些外地来南京的游客，他们慕名而来，最终往往都会一脸茫然地如此诘问。

当然，他们如此诘问的潜台词是很丰富的。一是，乌衣巷怎么会是这个样子？世家豪族鳞次栉比的高堂明榭哪里去了？王谢子弟们乌衣皂袍风姿绰约的身影哪里去了？相属如云金辔宝马的王驾玉辇哪里去了？二是，这分明是一条陋巷呀！唐诗宋词中那些让人一咏三叹的名篇华章真的都是基于它吟成的吗？那氤氲在中国文化中的一缕永远挥之不去的感伤之气真的是由它吐纳的吗？从刘禹锡到杜牧，到韦庄，到王安石，到周邦彦，到萨都剌，到白先勇，他们始终不能释怀的真的就是这样的一条陋巷吗？

要回答这一系列的问题，我们还是走进乌衣巷的历史去寻一寻吧！

二

乌衣巷在城市的深处，似乎是一枚夹在泛黄史册中的标本，或者说它就是一块埋藏于时间深处的化石，它的作用在于人们对着它便能很容易地作一番心灵的游历和精神的追想。

乌衣巷从来都笼着一层神秘的面纱。

关于它的来历，有两种说法最为流行，一种见于北宋人刘斧的《青琐摭遗》和张敦颐《六朝事迹编类》中：

王榭，金陵人，世以航海为业。一日海中失船，泛一木登岸。见一翁一媪皆衣皂，引榭至所居。乃乌衣国也。以女妻之。既久，榭思归，复乘云轩泛海上，至其家，有二燕栖于梁上。榭以手招之，即飞来臂上。取纸片书小诗系于燕尾，曰："误到华胥国里来，玉人终日苦怜才。云轩漂出无消息，泪洒临风几百回。"来春，燕子又飞来榭身上，有诗云："昔日相逢冥数合，如今睽违是生离。来春纵有相思字，三月天南无雁飞。"至今岁竟不至。因目所居为乌衣巷。

第二种说法见于南朝刘宋时山谦之的《丹阳记》中："乌衣之起，吴时乌衣营处所也。"原来乌衣巷本是吴国的乌衣营的处所，之所以称"乌衣营"是因为当时孙吴的军队的士兵们都穿黑色的军服。

第一种说法是一则地地道道的神话，乌衣巷因之而笼上神秘面纱自不必说；即使是第二种说法，虽然它似乎更合事实一些，但只要我们稍作想象：森严壁垒的军营出没着乌衣皂袍的身影，其神秘色彩也是不言而喻的。

不过，如果仅仅是因为这一点，乌衣巷还不足让一代又一代的中国诗人耿耿于怀，因为沧海桑田是历史发展的普遍规律，"眼见它起高楼，眼见它宴宾客，眼见它楼塌了"，是十分常见的事情，与之相比，一条小巷的兴废实在算不得什么，稍见过点历史世面的人是绝不会对此大惊小怪的。就乌衣巷而言，昔日的军营成为后世的烟花柳巷也没什么不可以，然而乌衣巷没有这样，尽管它距离秦淮河是那么近！这是乌衣巷的幸运。

乌衣巷更大的幸运是随两户人家迁居巷内而来的。

王、谢两家迁居乌衣巷，对于乌衣巷来说自然是十分重大的事件，因为这一事件对于整个中国历史来说也是堪称重大的事件。这便注定了金陵城南的这条小巷，将与中国文化一同延伸向历史的远方。

乌衣巷

永嘉元年，琅邪王司马睿由下坯移镇建业。与司马睿同时南渡的还有西阳王漾、汝南王祐、南顿王宗、彭城王纮。然而"五马浮渡江，一马化为龙"，仅仅十年后，

乌衣巷

司马睿便在建业即皇帝位，建立了东晋。《晋书》记载：“帝初镇江东，威名未著，敦与从弟导等同心翼戴，以隆中兴，时人为之语曰：‘王与马，共天下。’”如此近于与皇帝平起平坐的王氏家族，金陵卜居之地就是乌衣巷。《晋书》记载：“王导宅，在乌衣巷中，南临骠骑航。”继王导、王敦之后，王氏兄弟王含、王舒、王彬等都南渡到建业，住进了乌衣巷，王羲之、王胡之、王彪等也住进了乌衣巷，至于比他们更小的王氏子孙，大多生在乌衣巷，长在乌衣巷。

如果说王家迁居乌衣巷是伴随着改朝换代的风雨而来，乌衣巷一时曾因此而着实轰轰烈烈了一番，那么谢氏迁居乌衣巷，相比之下则要冷清得多。

谢氏家族迁居乌衣巷的准确时间，我手边的几部史书都没有记载，但谢氏后来对乌衣巷的影响一点儿也没因此而减小。这主要因为谢氏家族从乌衣巷里走出了一批或文或武或文武全才的人物，如风流宰相谢安、淝水名将谢玄、山水诗鼻祖谢灵运、东晋才女谢道韫，以及为李白所极度追慕的诗人谢朓等。

一条小小的街巷，竟然能容下如此众多在历史的夜空中熠熠闪光的星宿！不难想象，它该是有着一种怎样的风流呀，它的上空又会笼罩着一种怎样的神秘光芒！

然而，有一天，这样的风流，这样的光芒，突然消失了，消失得如此干净、彻底，消失得那么让人不可思议。

隋开皇八年（公元588年），隋文帝杨坚率大军南下，一路势如破竹，兵临建康城下，南朝的最后一个皇帝陈后主说：“吾自有计。”然而他的“计”竟是带着爱妃躲进景阳殿侧的枯井中等死，于是“天子龙沉景阳井，谁歌玉树后庭花”。至此，金陵上空的“王气”真的“黯然收”了起来。

隋灭陈后，下令将“建康城邑，并平荡耕垦”。一时间，六朝的豪华宫阙、如云官署、高昂殿宇全部被铲除，只留下了一个小小的石头城作“蒋州”的州城。乌衣巷所有的繁华和荣耀当然也从此烟消云散，成为了历史，“冠盖散为烟雾尽，金舆玉座成寒灰”。

然而，物质的乌衣巷消失了，文化的乌衣巷却崛起了。

三

的确，千百年来，人们更愿意把乌衣巷看作一种文化的存在，说得具体一点，是一种诗意的存在。

“朱雀桥边野草花，乌衣巷口夕阳斜。旧时王谢堂前燕，飞入寻常百姓家。”我为那位台湾老兵所书写的这首《乌衣巷》，是乌衣巷最早的一首挽歌，为唐朝诗人刘禹锡《金陵五题》之一。

据《唐诗纪事》卷三十九载：长庆年间，有一次，刘禹锡与元微之、韦楚客一同去白居易的府第，谈论起南朝的兴废，一时兴起，欲共以“金陵怀古”为题各自作诗，刘禹锡端起满满一杯酒来，一饮而尽，随即一口气吟诗五首，其中就有这首最为著名的《乌衣巷》。诗成后，白居易感叹说：“我等四人一同探龙宫，你已经先得到了龙珠，我等再作，最多也不过得到些剩下的龙鳞龙爪而已。”于是剩下三人只得偃旗息鼓。这可能是传说，因为所叙事实与作者诗前小序略有出入，作者序曰：“余少为江南客，而未游秣陵，尝有遗恨。后为历阳（今安徽省和县）守，跂而望之。适有客以《金陵五题》相示者，逌然尔生思，欻然有得……”但是传说和小序两者之间有一点却是一致的，这就是刘禹锡写出包括《乌衣巷》在内的《金陵五题》时，他竟还没有到过南京，没有走进过乌衣巷。

说来令人难以置信，却是事实。

是的，刘禹锡凭着自己诗人的想象，目光穿透了空间的千山万水，更穿透了时间的厚厚烟尘，从乌衣巷的沧桑变迁中，看到了一种历史发展的必然。这里我们无需去考证此时的朱雀桥边是否真的长满了开着白花的小草，巷口的粉墙上是否真有一抹夕照的斜阳，那飞进百姓家的紫燕是否真是曾在王谢家雕梁上做窝的

乌衣巷

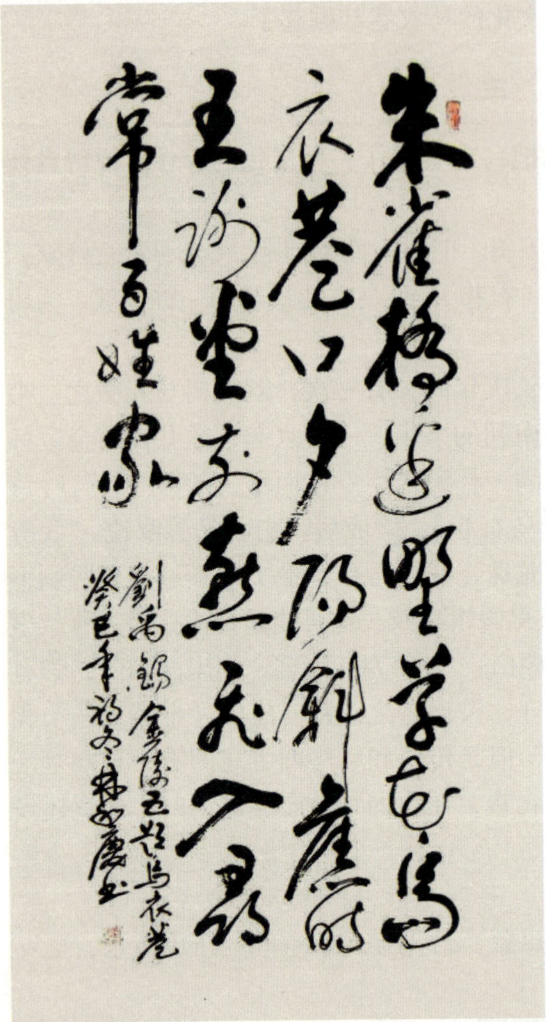

金陵五题

那一只……这一切并不重要，因为刘禹锡的乌衣巷只是他心中的一个意象，而这个意象又寄寓着刘禹锡对历史和人生的认识。

刘禹锡生活在唐朝由盛转衰的一个特殊时期，特别是安史之乱后，各种社会矛盾愈发明显和尖锐。然而统治阶级似乎仍只沉浸于对过去辉煌的缅怀中，对于眼前现实的严峻性缺乏必要的清醒认识，这不能不让作为诗人兼历史唯物主义思想家的刘禹锡深为担心，为此，他对统治者提出自己的告诫（尽管统治者并不欢迎这种告诫）：如果再不清醒，今日的繁华，总有一天将归宿为乌衣巷般的凄凉！

再观刘禹锡的个人经历，他22岁便高中进士，这在“三十老明经，五十少进士”的唐代，可谓是少年得志。34岁时他参加王叔文集团的革新，《旧唐书·刘禹锡传》中说：“禹锡尤得叔文知奖，以宰相器待之……（叔文）引禹锡及宗元入禁中，与之图议，言无不从。”可见刘禹锡的人生是有过令人羡慕的辉煌的。然而，随着王叔文改革运动的失败，刘禹锡一次次被远贬恶州。其实，这正是中国封建社会中许多正直文人共同的宿命。背负着这样的宿命，刘禹锡笔下的乌衣巷不能不成为这种宿命的一个象征：它昔日的辉煌和风光终究是过眼云烟，相反，今日属于它的小草、野花和斜阳等，倒是一种永恒。从这一意义上说，乌衣巷竟成了中国文人观照历史和人生时慰藉心灵的一隅。

这便是刘禹锡为乌衣巷规定的诗意！后来虽然不断有诗人一次次地走进乌衣巷来寻寻觅觅，但他们寻得的诗意大体都没有超出刘禹锡的这首《乌衣巷》。

不信再看几首：

西河·金陵怀古

周邦彦

佳丽地，南朝盛事谁记？山围故国，绕清江，髻鬟对起。怒涛寂寞打孤城，风樯遥度天际。

断崖树、犹倒倚，莫愁艇子曾系。空余旧迹，郁苍苍，雾沉半垒。夜深月过女墙来，伤心东望淮水。

酒旗戏鼓甚处市？想依稀、王谢邻里，燕子不知何世。向寻常巷陌人家，相对如说兴亡，斜阳里。

秦淮杂诗（其一）

王士禛

青溪水木最清华，
王谢乌衣六代夸。
不奈更寻江总宅，
寒烟已失段侯家。

满江红·金陵怀古

萨都剌

六代豪华，春去也，更无消息。空怅望，山川形胜，已非畴昔。王谢堂前双燕子，乌衣巷口曾相识。听夜深、寂寞打孤城，春潮急。

思往事，愁如织。怀故国，空陈迹。但荒烟衰草，乱鸦斜日。玉树歌残秋露冷，胭脂井坏寒蛩泣。到如今，唯有蒋山青，秦淮碧。

金陵景物图诗·乌衣巷

吴敬梓

城南送夕晖，春风燕子飞。
言寻王谢宅，闾井生光辉。
牛心金拌贮，麈尾玉悄霏。
广厦久已倾，人往流风微。
唯余旧兰若，茶板出荆扉。

乌衣巷

我之所以在此一气照抄下几首诗词，并非要作一个有关乌衣巷的诗词抄，只是想以此证明这些诗词在诗意上与刘诗一脉相承的同时，也证明一下那些把乌衣巷作为“古”来一次次吟咏缅怀的诗人们，虽然他们的主观目的都是伤“今”，但同时又不可否认，诗篇客观上常常掩饰不住对乌衣巷所承载的那一个时代和那一段历史的向往。当然，这种向往是要通过细细的咀嚼才能品味出的。但如果你实在品味不出，也不要紧，还有说得更明白的哩。

“乌衣巷，今犹在。乌衣事，今难觅。”这是南宋状元宰相吴潜所吟词句。词意激昂而凄劲，自己对“乌衣事”的向往之情被抒发得淋漓尽致。据说，此词被时任建康知府的马祖光读到，竟“心绪不可名状”，后来他竟萌生了修复乌衣巷的构想。不只是构想，他还真的干了。

人们对乌衣巷不能释怀的究竟是什么呢？

…………

乌衣巷便这样在诗意中延伸，看——从历史延伸向现实，延伸向了今天。

映月二泉洗客心

无锡

【图说】

无锡别名梁溪，简称锡，是一座历史悠久的江南古城。

早在七千多年前，无锡就有原始氏族聚居，是吴文化的发祥地。公元前11世纪末，周太王的长子泰伯定居梅里（现梅村镇），号称勾吴。

无锡历史悠久，孕育了众多文化名人和艺术巨匠，如晋代画家顾恺之、唐代诗人李绅、元代画家倪瓒、明代旅游家徐霞客、国学大师钱锺书、美术大师徐悲鸿、民间音乐家华彦钧等。此外，无锡的太湖、贡山、东林书院、惠山书院也是举世闻名的名胜。

【走读】

一泓二泉洗客心

◎ 朱茂林

“无锡是个好地方。”大凡读过曹禺先生《雷雨》的人，谁都不会忘记这一句台词。

无锡怎一个“好”？

“上家山，家山依旧好。”唐代诗人李绅晚年唱出了这样的心声。这里的“家山”即惠山。在李绅心目中，惠山的“好”是他一生的福祉。

提起李绅，一定要说到他的《悯农》诗。唐代中叶发生安史之乱，社会动荡，赋税加重，加上灾荒不断，人民生活贫困，尤其是农民，在官府、地主的敛剥下，生活尤为窘迫。在无锡梅里长大的李绅，耳闻目睹农民生活的惨状，愤笔写下了《悯农》诗两首：

锡惠公园

悯农（二首）

一

春种一粒粟，秋收万颗籽。
四海无闲田，农夫犹饿死。

二

锄禾日当午，汗滴禾下土。
谁知盘中餐，粒粒皆辛苦。

这两首诗不仅是李绅所处时代农民生活的写照，也是几千年来在剥削阶级统治下农民生活情况的白描，因而世代传诵，成为千古绝唱。后人因此誉李绅为“悯农诗人”。而惠山作为这位“悯农诗人”的读书地，在诗人心中有着深厚的眷恋之情和无可替代的地位，因此被亲切地称为“家山”。

千百年来，惠山一直以“祠多、庙多、泉多、园多”而著称于世。这是惠山辉煌历史文化的见证，也是吴文化和江南文化的缩影。大名鼎鼎的天下第二泉就位于惠山东麓的二泉庭院内。探寻这镶嵌在惠山的珍宝，仿佛看到了无锡的前世今生。

二泉原名“惠泉”，位于无锡锡惠公园内，始凿于唐大历年间，至今已有1200多年的历史。锡惠公园包括锡、惠两山，惠山有九龙十三泉，尤以第二泉闻名于世。“惠泉遂名陆子泉，泉与陆子名俱传。”唐代杰出品茶专家陆羽尝遍天下20多个有名的泉，评定此泉为第二，世称“天下第二泉”。而我们的“悯农诗人”李绅则称赞这泉水为“人间灵液”：

别石泉

在惠山寺松竹之下，甘爽，乃人间灵液。清澄鉴肌骨，含漱开神虑。茶得此水，皆尽芳味。

素沙见底空无色，青石潜流暗有声。
微渡竹风涵淅沥，细浮松月透轻明。
桂凝秋露添灵液，茗折香芽泛玉英。
应是梵宫连洞府，浴池今化醒泉清。

李绅把二泉水带至京城，同宰相李德裕、元稹品饮。李德裕十分喜爱，命专人递送泉水至京城。晚唐诗人皮日休把李德裕嗜饮二泉水与杨贵妃爱吃荔枝相类比，写有讽刺诗："丞相常思煮茗时，郡侯催发只嫌迟。吴关去国三千里，莫笑杨妃爱荔枝。"二泉从此名扬天下。

到了宋代，无数文人墨客纷纷驻足惠山，畅饮这"人间灵液"。梅尧臣、王禹偁、蔡襄、黄庭坚、秦观、杨万里等都有佳句称颂，就连苏东坡也不甘落后。他任杭州通判时，来无锡汲泉煮茶，挥笔写下了一首诗：

惠山谒钱道人烹小龙团登绝顶望太湖

踏遍江南南岸山，逢山未免更流连。
独携天上小团月，来试人间第二泉。
石路萦回九龙脊，水光翻动五湖天。
孙登无语空归去，半岭松风万壑传。

苏轼对二泉赞誉备至。在诗中，诗人似乎已羽化成仙，身携皓月，从天外飞来，与惠山钱道人共品这闻名于浩瀚苍穹中的人间第二泉，真可谓咏茶品泉辞章中之千古绝唱。苏轼离开无锡回杭州后，仍然对二泉念念不忘，特意差人送信给当时的无锡县令、好友焦千之。焦千之派人将泉水密封进罐子里送至杭州，这才了却苏轼的心愿。在《游惠山并叙》中，苏轼写道："虚明中有色，清净自生香。还从世俗去，永与世俗忘。"

二泉的盛名一直延续至明清。在当时，以二泉水品茗、斗茶是一种时尚。一年一度的惠山茶会盛况空前，明代画家文徵明所绘的《惠山茶会图》生动详实地描绘了这一盛况：每年的清明时节，二泉畔一年一度的惠山茶会上，云集了天下各地名茶以及有名的品茶专家，以二泉水为煮茶用水，各路高手进行斗茶、品茗，评委藉此评出海内名茶，优胜者可获得"贡茶"的盛名，专供宫廷御用。

清康熙、乾隆两帝历次南巡都曾到二泉品茗题咏。雍正年间，王澍在方池北边墙上题刻"天下第二泉"五个大字。二泉从此有了"二泉三绝"之说，即"陆羽品泉""苏轼咏泉"和"王澍书泉"。

这二泉的水哟，不仅滋润出文坛妙韵，还孕育出了一曲天上乐——《二泉映月》。

近代民间音乐家阿炳（华彦钧）就是这乐曲的主人。他坚强地面对颠沛流离的生活和坎坷多舛的命运，用自己的心血谱写这乐曲，如怨如慕、如泣如诉。

阿炳的朋友陆墟曾这样描写过阿炳拉奏《二泉映月》时的情景："大雪像

鹅毛似的飘下来，对门的公园，被碎石乱玉堆得面目全非。凄凉哀怨的二胡声，从街头传来……只见一个蓬头垢面的妇人用一根小竹竿牵着一个瞎子在公园路上从东向西而来，在惨淡的灯光下，我依稀认得那就是阿炳夫妇。阿炳用右胁夹着小竹竿，背上背着一把琵琶，二胡挂在左肩，咿咿呜呜地拉着，在淅淅的飞雪中，发出凄厉欲绝的袅袅之音。”

《二泉映月》以一种抒情式的音乐语言，向我们描绘了月映惠山泉的景色，让我们感受到阿炳那无限深邃的感情。

这仿佛是一声深沉痛苦的叹息，阿炳在用一种难以抑制的感情向我们讲述自己一生的苦难遭遇。我们看到了一位苦难者，在坎坷不平的人生道路上徘徊、流浪，又不甘心向命运屈服。他在倾诉他受到的苦难与心灵上无法解脱的哀痛,他在讲述他辛酸悲苦而又充满坎坷的一生。在全曲的高潮，我们仿佛可以听到阿炳从心灵底层迸发出来的愤怒至极的呼喊，那是阿炳的灵魂在疾声呼喊,是对命运的挣扎与反抗,也是对美好生活的向往和追求。昂扬的乐曲在饱含不平而鸣的音调中进入了结束句，而结束句又给人一种意犹未尽之感，仿佛作者仍在默默倾诉、倾诉、倾诉……

这首命运抗争之曲，充分表现了一个经历旧中国生活坎坷与磨难的流浪艺人的辛酸苦辣和倔强不屈。深情的旋律如泣如诉、如悲如怒，时而委婉低回，时而激越高亢，不仅抒发了作者内心的愤懑和哀痛，更表达了作者对美好生活和理想境界的向往。

《二泉映月》不仅在国内深得人民喜爱，在国际乐坛上也获得了很高的评价。世界著名指挥家小泽征尔说，这首曲子“应该跪下来听”“断肠之感这句话太合适了”。日本的《朝日新闻》还特别刊登了发自北京的专文《小泽先生感动的泪》。《二泉映月》自此漂洋过海，得到了世界乐坛的赞誉。

每当现代化的气息淹没在浓重的夜色里时，悠扬的二胡声便弥漫了锡城的大街小巷。一曲《二泉映月》把我们带入了悠远的历史。无锡的文化精魂就蕴藏在二泉深邃的波光中。这是一条自然、历史、人文交融互会的文化隧道，是这座城市的精神血脉，更是它最难得的珍宝。

古老而又充满现代气息、繁华而又宁静的二泉，是我们心中最美的风景。她在这座城市流淌，也在我们心中流淌。

【胜迹】

游览建议路线

鼋头渚 · 惠山寺 · 东林书院

无锡及周边名胜分布示意图

题惠山寺

【唐】张 祜

旧宅人何在，空门客自过。
泉声到池尽，山色上楼多。
小洞生斜竹，重阶夹细莎。
殷勤望城市，云水暮钟和。

张祜像

虞美人·听雨

【宋】蒋 捷

少年听雨歌楼上，红烛昏罗帐。壮年听雨客舟中，江阔云低，断雁叫西风。

而今听雨僧庐下，鬓已星星也。悲欢离合总无情，一任阶前，点滴到天明。

（沪教版初中语文）

蒋捷像

东林书院楹联

【明】顾宪成

风声雨声读书声声声入耳
家事国事天下事事事关心

顾宪成像

鬲溪梅令

（丙辰冬，自无锡归，作此寓意。）

【宋】姜 夔

好花不与殢香人，浪粼粼。又恐春风归去绿成阴，玉钿何处寻？

木兰双桨梦中云，小横陈。漫向孤山山下觅盈盈，翠禽啼一春。

（苏教版选修《唐诗宋词选读》）

姜夔像

【名篇】

感伤的行旅（节选）

◎ 郁达夫

正吞完最后的一杯苦酒的时候，火车过了一个小站，听说是无锡就在眼前了。

天下第二泉水的甘味，倒也没有什么可以使人留恋的。但震泽湖边的芦花秋草，当这一个肃杀的年时，在理想上当然是可以引人入胜的，因为七十二山峰的峰下，处处应该有低浅的水滩，三万六千顷的周匝，少算算也应该有千余顷的浅渚，以这一个统计来计算太湖湖上的芦花，那起码要比扬子江河身的沙渚上的芦田多些。我是曾在太平府以上九江以下的扬子江头看过伟大的芦花秋景的，所以这一回很想上太湖去试试看运气，看我这一次的臆测究竟有没有和事实相合的地方。这样决定在无锡下车之后，倒觉得前面相去只几里地的路程特别

天下第二泉

地长了起来，特别快车的速度也似乎特别慢起来了。

天下第二泉

无锡究竟是出大政客的实业中心地，火车一停，下来的人竟占了全车的十分之三四。我因为行李无多，所以一时对那些争夺人体的黄包车夫们都失了敬，一个人踱出站来，在荒地上立了一会儿，看了一出猴子戴面具的把戏，想等大伙的行客散了，再去叫黄包车直上太湖边去。这一个战略，本是我在旅行的时候常用常效的方法，因为车刚到站，黄包车价总要比平时贵涨几倍，等大家散尽，车夫看看不得不等第二班车了，那他的价钱就会低让一点，可以让到比平时只贵两成三成的地步。况且从车站到湖滨，随便走哪一条路，总要走半个钟头才能走到，你若急切地去叫车，那客气一点的车夫，会索价一块大洋，不客气的或者竟会说两块三块都不定的。所以夹在无锡的市民中间，上车站前头的那块荒地上去看一出猴犬两明星合演的拿手好戏，也是一件有意义的事情，因为我在看把戏的中间就在摆布对车夫的战略了。殊不知这一次的作战，我却大大地失败了。

原来上行特别快车到站是正午十二点的光景，这一班车过后，则下行特快的到来要在下午的一点半过，车夫若送我到湖边去呢，那下半日的他的买卖就没有了，要不是有特别的好处，大家是不愿意去的。况且时刻又来得不好，正是大家要去吃饭缴车的时候，所以等我从人丛中挤攒出来，想再回到车站前头去叫车的当儿，空洞的卵石马路上，只剩了些太阳的影子，黄包车夫却一个也看不见了。

没有办法，只好唱着“背转身，只埋怨，自己做差”而慢慢地踱过桥去，在无锡饭店的门口，反出了一个更贵的价目，才叫着了一乘黄包车拖我到了迎龙桥下。从迎龙桥起，前面是宽广的汽车道了，两公司的驶往梅园的公共汽车，隔十分就有一乘开行，并且就是不坐汽车，从迎龙桥起再坐小照会的黄包车去，也是十分舒适的。到了此地，又是我的世界了，而实际上从此地起，不但有各种便利的车子可乘，就是叫一只湖船，叫它直摇出去，到太湖边上去摇它一晚，也是极容易办到的事情，所以在一家新的公共汽车行的候车的长凳上坐下的时候，我心里觉得是已经到了太湖边上一样。

开原乡一带，实在是住家避世的最好的地方。九龙山脉，横亘在北边，锡山一塔，障得住东来的烟灰煤气，西南望去，不是龙山山脉的蜿蜒的余波，便是太湖湖面的镜光的返照。到处有桑麻的肥地，到处有起屋的良材，耕地的整齐、道路的修广和一种和平气象的横溢，是在江浙各农区中找不出第二个来的好地。可惜我没有去做官，可惜我不曾积下些钱来，否则我将不买阳羡之田，而来这开原乡里置它个三十顷地，营五亩之居，筑一亩之室。竹篱之内，树之以桑，树之以麻，养些鸡豚羊犬，好供岁时伏腊置酒高会之资；酒醉饭饱，在屋前的太阳光中一躺，更可以叫稚子开一开留声机器，听听克拉衣斯勒的提琴的慢调或卡儿骚的高亢的悲歌。若喜欢看点新书，那火车一搭，只教有半日工夫，就可以到上海的璧恒、别发，去买些最近出版的优美的书来。这一点卑微的愿望，啊啊，这一点在大人先生的眼里看起来，简直是等于矮子的一个小脚趾头般大的奢望，我究竟要在何年何月才享受得到呢？罢罢，这样地在公共汽车里坐着，这样地看看两岸的疾驰过去的桑田，这样地注视注视龙山的秋景，这样地吸收吸收不用钱买的日色湖光，也就可以了，很可以了，我还是不要作那样的妄想，且念首清诗，聊作个过屠门的大嚼罢！

郁达夫（1896—1945）

字浙江富阳人，作家。著有短篇小说集《茑萝集》，中篇小说《她是一个弱女子》，散文集《闲书》《屐痕处处》《达夫日记》等。

月夜永罩的城市

◎ 吴楚人

一

假如时光倒流一个甲子，我是绝不会坐出租车去二泉的（那时也没出租车可坐），当然我更不会坐人力车，我一定会走着去，因为当年瞎子阿炳每天都是在这条通向惠山二泉的公园路上走着来去的。

那时，无锡知道阿炳的人还不多，但没有人不知道二泉，没有人不为自己的家乡拥有这么一泓甘泉而感到骄傲。尽管它只列为“天下第二”，但那也不得了呵！更何况那“天下第一”究竟属于哪一眼泉多有争议——“茶圣”陆羽在品了天下泉水20种后，在《茶经》中将庐山康王谷洞帘水评为第一，无锡惠山新泉评为第二；而张又新的《煎茶水记》中记载，

天下第二泉壁字

刘伯刍言："扬子江中泠泉第一，惠泉第二。"——唯独惠山泉的"天下第二"一致公认。

那时，人们还知道去二泉品茶是风雅之士的最风雅之事。常见达官贵人们，邀上三五同好，携上煎水的铜壶、泡茗的紫砂，取泉，煎水，取茶，冲泡……那过程充满了诗意，充满了闲情。他们不太关心上海的战事究竟到了什么程度，也不太关心为什么乡下的农民多收了三五斗反而更加衣不蔽体，他们更不关心那个总在一旁拉着二胡的瞎子，一天到晚究竟在拉些什么。只是有时候，他们口中的茶与话题一起味道寡淡了，偶尔也会将瞎子招来跟前，让他"好好拉上一曲"，至于拉什么曲子，那就随便吧。于是瞎子便"随便"地拉着自己的曲子。对于瞎子来说，客人不问也好，因为他拉的曲子本身就没有名字。一曲拉完，有时候客人会说："苦不拉叽的！拉一个高兴点的吧！"于是欢快的旋律也会从瞎子的手上流淌而出，只是听来似乎总脱不了凄苦的底子。有时候，一曲还没拉完，客人就会说："别拉了！什么鬼曲子呵，听着心烦！去去去！"于是瞎子摸索着拾起客人扔过来的几个铜板悻悻离去。只见他将一把琵琶背到背上，将二胡挂在左肩，蹒跚地走向回家的路。他一路走，一路咿咿呜呜地拉着那把二胡，也将凄厉欲绝的旋律洒得一路。

那时，许多无锡人便是这样在二泉的附近熟悉了这凄厉的声音和悲情的旋律，但是他们绝不会想到有一天，就是这咿咿呜呜的声音会将二泉的名声传得更响、更远，甚至超过二泉，也不会想到，就是这凄凄惨惨的旋律会作为全人类的共同语言被发往辽阔的宇宙空间，更不会想到，就是这个瞎子将成为他们这座城市的骄傲。

二

当然，无锡这座城市是有许多东西值得无锡人骄傲的，远的暂且不说，仅近代以来，就有荣家（荣宗进、荣德生）的财富、钱家（钱穆、钱锺书）

无锡夜色

的学问等，然而我以为这些都一点儿不能影响无锡人将一个瞎子引为自己这座城市的骄傲。

1950年深秋，在无锡举行的一次音乐会上，阿炳首次也是最后一次以一名音乐家而非街头艺人的身份为自己的故乡演奏自己的音乐，随着他琴弦奏出的最后一个乐音渐渐飘散，现场爆发出经久不息的掌声。只是这样的掌声来得似乎太晚了，因为就在当年的12月4日，阿炳就走到了他人生的尽头，终年仅57岁。

无锡人真该好好感谢两位音乐教授，一位叫杨荫浏，一位叫曹安和。他们俩不但将阿炳的演奏留在了人间，而且还为他演奏的这支忧伤而不失美丽的曲子起了一个动人的名字——《二泉映月》。

那年夏天，中央音乐学院师生为了发掘、研究和保存民间音乐，委托杨荫浏教授和曹安和教授等专程来到无锡，为阿炳录制了三首二胡曲和三首琵琶曲。录音后，大家觉得有一支二胡曲最为感人，杨先生便问阿炳这支曲子叫什么名字，阿炳说："这支曲子没有名字，信手拉来，久而久之，就成了现在这个样子。"杨先生又问："那你常在什么地方拉？"阿炳回答："我除了经常在街头拉，还常在惠山泉庭上拉。"杨先生脱口而出："那就叫《二泉》吧！"这时现场有人说："光《二泉》不像个完整的曲名，广东音乐中有首《三潭印月》，是不是可以称它为《二泉印月》呢？"杨先生说："'印'字有抄袭嫌疑，不好。无锡有个映山河，就叫它《二泉映月》吧。"阿炳当即点头同意。

瞎子阿炳

从此以后，这支美丽的二胡曲就有了这样一个美丽的名字，从此以后，倒映在无锡二泉中的那一轮明月呵，也便不再仅仅属于二泉，属于无锡了，因为它，每一个中国人的心头都有了一轮清晖四溢的月亮。它属于每一个中国人。

1951 年，天津人民广播电台首次播放《二泉映月》。

1959 年 10 周年国庆时，中国对外文化协会又将此曲作为我国民族音乐的代表作之一送给国际友人。

1977 年底，中央民族乐团去世界音乐之都维也纳访问演出，节目单上就有《二泉映月》。为此有人担心这么长一首曲子，只一名演员在一个偌大的舞台上，就一把二胡一拉到底，性急的欧洲人有耐心听下去吗？然而事实证明这种担心是多么地多余：当最后一个音符在演出大厅中渐渐消失后，全场鸦雀无声，所有听众竟仍然沉浸在乐曲所营造的这种忧伤和沉静之中。这样过了近一分钟后，才是雷鸣般的掌声久久不歇。

1978 年，小泽征尔应邀担任中央乐团的首席指挥，其间他指挥演奏了勃拉姆斯的《第二交响曲》和改编过的弦乐合奏《二泉映月》。第二天，小泽征尔来到中央音乐学院专门聆听了该院 17 岁女生姜建华用二胡演奏的原曲《二泉映月》，听着听着，他热泪盈眶，呢喃地说：“如果我先听了这次演奏，我昨天绝对不敢指挥这个曲目，因为我并没有理解这支曲子，我没有资格指挥这个曲目……这种音乐是应该跪下来听的！”同年 9 月 7 日，日本《朝日新闻》刊登专文《小泽先生感动的泪》。从此，《二泉映月》不知让多少日本人流下了感动的泪水。

1985 年，《二泉映月》在美国被灌成唱片，并在流行全美的十一首中国乐曲中名列榜首，后又被美国宇航局制成电子信号发往太空，希求宇宙人能听懂它并进而与人类沟通。

…………

如果这算是《二泉映月》诞生后的一份“简历”的话，这份简历无疑是光彩照人的。与此相比，它的作者——瞎子阿炳，他的简历要黯淡多了。

华彦钧（1893—1950），小名阿炳，因双目失明人称“瞎子阿炳”。其父华清和为无锡城中三清殿道观雷尊殿的当家道士，擅长道教音乐。华彦钧年幼丧母，由同族婶母抚养，8 岁随父在雷尊殿当小道士。他先在私塾读了 3 年书，后从父学习鼓、笛、二胡、琵琶等乐器，12 岁已能演奏多种乐器，并经常参加拜忏、诵经、奏乐等活动。他刻苦钻研，精益求精，并广泛吸取民间音乐的曲调，冲破道教音乐的束缚，18 岁时被无锡道教音乐界誉为演奏能手，22 岁时继承父业成为雷尊殿的当家道士，35 岁时双目先后失明。为谋生计，他身背琵琶、胡琴，走上街头，自编自唱，沦为街头艺人。二胡曲《二泉映月》是其代表作。

说实话，从阿炳的这样一份简历来看，如果不是《二泉映月》，今天的人们是绝不会记着他的，是《二泉映月》让他获得了不朽和永生，这是阿炳的幸运。

然而太多太多的不幸全隐藏在了这份简历的背后。

三

假如时光再倒流一百年，二泉的泉池边，我们总能在每天清晨看到一老一少临水练琴，他们是父子俩，也是师徒俩，而那个孩子正是阿炳。他们练的琴是胡琴，也就是二胡，一种中国最常见的乐器。

无锡太湖

望着眼前的流水，父亲对阿炳说："你听到了什么？"阿炳说："我听到了流水声。"父亲又说："没有别的了吗？"阿炳说："没了呵！"于是父亲告诉儿子，要学会用心去倾听，也要学会用心去观察，而不只是用耳朵与眼睛去听、去看这个世界，并说："哪一天你在这儿听到的不是流水声

二泉映月

古塔

了，你的琴就算是练成了。”

父亲的话让阿炳非常不解，他更不解的是父亲为什么不教他如何用心去听、去看这个世界呢！阿炳 22 岁那年，父亲去世了，他知道从此再也没有机会请父亲解开心中的那些疑惑了，为此他陷入了更大的迷惑中，也陷入了空前的迷惘，甚至有一度他不再练琴了，而是终日靠抽鸦片度日，只有鸦片才能让自己暂时忘了悲伤，忘了迷惑。然而只要平静下来，他的内心又无时无刻不在自贱、自责和自悔中受着煎熬。那些年是他人生中最为黑暗的时期，尽管那时他的眼睛并没瞎。

35 岁那年，阿炳的眼睛再也看不见一丝光明了，他的人生进入了永远的黑暗中，从此，人们在他的名字——“阿炳”前又加上了“瞎子”二字。一个瞎子，还能干什么呢？他又重新操起自己久违的琴弦。这一刻，他得救了——音乐救了他，艺术救了他。他不再需要鸦片了，只需要再回到久违的二泉。此时，他虽看不见二泉水流的清亮了，但是那泉流声还是能听到的，可他这会儿听来已不只是水流声了——还有自然的风声雨声，还有人世的歌哭歌笑，甚至还有日寇铁蹄下人们痛苦的呻吟、悲惨的哀嚎……这让他想起了父亲当年说过的话。此时正是“一·二八”事件之后，于是他在自己的音乐中加进了新闻说唱的内容，编唱出了《十九路军在上海英勇抗击敌寇》等段子，并用二胡演奏《义勇军进行曲》等。他的这些新闻说唱，正是因为唱出了广大人民的心声，所以深得人民的喜爱，不但激发了人民的抗战热情，更在抵制日货的运动中发挥了直接作用。那时，二泉的水见证了一个爱国赤子一段激情燃烧的岁月。

日军侵占无锡后，阿炳逃到上海，尽管他的眼睛看不见一丝光明，但他的心如同二泉的水一样比任何时候都澄澈清明，甚至比许多明眼人都对这个世界看得分明。在上海期间，他手上的琴弦从没在强盗汉奸的堂会上拉响过。他先后在昆曲班仙霓社担任琴师，拉过二胡，弹奏三弦，并在电影《七重天》中作群众演员饰演盲人。而就是在这样的艰难生活中，他还创作了《听松》。

这是一首气魄豪迈、情感充沛的二胡独奏曲，倾吐出的是一个底层阶级的中国人不愿当亡国奴的爱国主义热情。

抗战后，阿炳回到了劫后的家乡，回到了阔别多年的惠山。二泉池畔，茶楼门前，阿炳的琴声与他的说唱再度响起——无锡城里，有个地主强奸家中一个 13 岁的丫头，阿炳知道后，马上把此事编词演唱，揭露地主的罪恶之举，并以此激起民愤，最终吓得那个地主外逃好几个月都不敢回家。

有一次，国民党军阀汤恩伯要阿炳给他的十三姨太唱生日堂会，阿炳断然拒绝，遭到一顿毒打，可阿炳毫不屈服，并编了唱词，拉起二胡痛骂他们。

日寇占领无锡时，当地有一个叫章士钧的人当了汉奸，阿炳知道后，曾编词骂他，为此遭到他的毒打。后来，这个汉奸竟被日本人杀了，阿炳拍手称快，并编了一首《汉奸的下场》沿街演唱，无锡人士无不叫好。

…………

就这样，阿炳在无锡城里获得了一个“三不穷”的美名，即：人穷志不穷（不怕权势），人穷嘴不穷（不吃白食），人穷名不穷（正直）。或许正是凭着这种“三不穷”的精神，从阿炳琴弦上流出的音乐，除了悲怆、痛苦和挣扎，更有一种不屈、执着和抗争。

据说，那时他每天早上拉着《寒春风曲》出门，晚上拉着《二泉映月》（只是那时这曲子还没有这个曲名）回家。那一路洒下的琴声呵，曾给劫后的无锡——这座美丽的江南名城几多凄惨，也给那里的人们增加了几多辛酸！

那确实是一个不幸的时代，这种不幸岂止是阿炳个人的不幸呵，也是我们这个国家和民族的不幸。然而不幸之中的万幸是阿炳选择了音乐，或者说音乐选择了他；而我们这个国家和民族不幸之中的万幸是那不幸终于有了尽头。只是阿炳走得太匆忙了，以至于多年后，还有一位音乐教授在自己的文章中不无遗憾地写道：“阿炳之死以及他数百首乐曲的失传，不能不说是中国音乐史上永远无法弥补的一大损失。”

四

今天，离阿炳最后一次在泉边拉琴已过去近六十个年头了，六十年一个甲子，纪年恰一个轮回。当我踏着溶溶月色，在惠山下漫步，寻找着二泉，更寻找着映照在其中的那一轮永挂在每一个中国人心中的明月，此时，除了天上的那一轮明月与阿炳的那轮没有多大变化外，一切都已与六十年前有了很大的变化。

与二泉有关的胜迹都修得很好。远望“二泉亭”翼然欲飞，一旁赵孟頫手书的“天下第二泉”五个大字，字字清晰；始建于宋代的“漪澜堂”稳架池上，与泉水一静一动，相形成趣，匾额上费新我所书字迹，虽只是在月光下，但也清晰可见；垂虹廊更如长虹卧波……这一切构成了一幅和谐宁静的立体图画。

我来到泉池边，直感觉到满溢池中的不是清泉，而是月光，因为随着泉水的涌动，映在水中的那一轮明月似乎已溶在了池中。我在池边久久站立，一颗心也仿佛溶进了眼前这了无纤尘的一池水中了。

这样的二泉才是我心中的二泉！我在没来前就曾想，孕育《二泉映月》的地方本就该是这个样子。

然而再一想，这实在又与《二泉映月》主题是矛盾的。《二泉映月》的主题是痛苦、悲怆，是不屈、抗争，而我眼前的二泉呢，其主题是宁静、清雅，是清闲、享受。的确，《二泉映月》的主题已不属于今天，而属于昨天了。但是今天的人们又为什么那样喜欢它呢？

无锡市区

二泉映月

音乐家贺绿汀曾说："《二泉映月》这个风雅的名字，其实与他的音乐是矛盾的。与其说音乐描写了二泉映月的风景，不如说是深刻地抒发了瞎子阿炳自己的痛苦身世。"的确，《二泉映月》实际上是与二泉无关的，有关的只是瞎子阿炳的心灵，因为那悲怆的旋律，原本是从他心中流出来的，所以才如此动人——《二泉映月》是只属于瞎子阿炳的音乐。

《二泉映月》也是只属于二胡的音乐。我听过小提琴拉出的《二泉映月》，也听过弦乐重奏、合奏的《二泉映月》，但是我总觉得那样奏出的旋律，虽然丰富了许多，也华丽了许多，但就是不如二胡拉出的有味——或许是《二泉映月》这样的曲子压根儿就压不住那贵族化的乐器与乐队，《二泉映月》是只属于平民的音乐吧！

《二泉映月》更是只属于光明的音乐。盲人因为听觉灵敏而多喜欢音乐，这并不奇怪，奇怪的是中国的盲人，他们只要选择乐器，多数首选二胡；而他们只要学会了二胡，一定会去拉《二泉映月》——或许二胡也是只属于《二泉映月》的乐器吧！

我独自寻寻觅觅，走走看看，见公园里的人影越来越少，便知道时间已经不早。该回去了！但当我从公园的大门悄然退出走回到大街上时，又似乎一下子回到了白天——今天的无锡实际已是一座不夜城了，然而在我的心目中它永远都笼罩在美丽的月夜中，只因为它拥有二泉，并拥有《二泉映月》。

2008年12月1日—2日

【今作】

静静的无锡太湖

◎格　里

“太湖美呀太湖美，美就美在太湖水……”一首脍炙人口的优美歌曲，使无锡太湖的美家喻户晓，也使太湖更加名扬海内外。

太湖，又名震泽、具区，面积2400多平方千米，是我国五大淡水湖之一，也是著名的风景名胜。多年前一个春光明媚的日子，我与同学携手同游无锡太湖，至今对太湖的静谧、妩媚、缥缈和浩瀚记忆犹新，难以忘怀。

第一次来到太湖岸边，我们就被眼前静静的湖水惊呆了。举目远眺，一望无际的太湖水明亮如镜，春风吹拂，湖面荡起微微的涟漪，画面轻柔美丽，富有诗情画意，令人感慨万分。

我们在湖堤上闲庭信步，十分惬意。突然，天上飘起了霏霏细雨，绵绵雨丝落在湖面上，溅起一片片温馨的水纹，整个太湖显得更加妖

无锡太湖鼋头渚

无锡太湖

娆和娇媚了。

其实，太湖的风光是融淡雅、清秀、雄奇、壮阔于一体的，碧水辽阔无垠、烟波浩渺，峰峦时隐时现，气象变幻万千。尤其是著名的鼋头渚，独占了太湖风景最美的一角，山青伴着水秀，碧波映着亭阁，天然胜景，浑然天成。

无锡城，这太湖之滨的璀璨明珠，是一座具有3000年历史的江南名城。早在春秋战国时期，无锡已是当时的经济、文化中心，这里孕育了许多文人墨客，至今仍保留着众多的历史遗迹。鼋头渚是太湖西北岸无锡境内的一个半岛，因有巨石突入湖中，状如浮鼋翘首而得名，是太湖风景名胜区的主景点之一。

传说鼋头渚的美丽景致在很早以前就为人们所向往。萧梁时，此地建有“广福庵”，为“南朝四百八十寺”的一处。明初，“太湖春涨”被列为“无锡八景”之一。明末，东林党首领高攀龙常来此踏浪吟诗，留有“鼋头渚边濯足”的遗迹。记得郭沫若曾吟道：“太湖佳绝处，毕竟在鼋头。”赵朴初也曾称赞：“鼋头渚景色胜天堂。”一代代大师的瑰丽诗句，更使鼋头渚的风韵名扬大江南北。

鼋头渚现有充山隐秀、鹿顶迎晖、鼋渚春涛、万浪卷雪、湖山真意、十里芳径、太湖仙岛等十多处景点。其中既有山长水阔、帆影点点的自然山水

鼋头渚石刻

画卷，小桥流水、绿树人家的山乡田园风光，典雅精致、古朴纯净的江南园林景致，还有吃、住、购、行等配套齐全的服务和娱乐设施，再加上历代名人雅士的游踪、石刻、书画、传说等诸多内涵深厚的文化积淀，构成了一个以天然山水为主、人工点缀为辅的生动隽美、多彩多姿的风景旅游胜地。

雨停了，我们站在鼋头渚的灯塔旁，看到了2米多高的景名刻石，以黄石之古拙衬托书法的遒劲雅致。主石正面镌刻的“鼋头渚”三个大字，系清末“梁溪七子”之一秦敦书的手书。该石背面的“鼋渚春涛”，为我国历史上最后一个状元刘春霖所写。据说，春天的无锡多东南风，太湖的“鼋渚涛声”是这里的一大特色。

若遇到风和日暖之时，太湖上微波泛涟漪，碧水映青山，微微的涛声轻缓流畅，和谐而有节奏；若遇到狂风怒号之际，太湖上便浊浪滔天高，风起波涌急，汹涌的浪涛轰然咆哮，犹如万马奔腾。由此，“鼋渚春涛”便成为鼋头渚涛声中最神奇的景象了。

在我的心中，太湖是静静的，有着令人窒息的美，美得如同漂亮的“凌波仙子”，更像是梦中的女神。即使，有时它也会波涛涌动、张牙舞爪，但最终还会归于平静，风平浪止，就像温文尔雅的诗人……

感慨之余，吟诗一首，略表心绪：“碧波荡漾太湖水，悠悠运河古流淌。太湖美景鼋头渚，江南胜地美名扬！”

夜半钟声到客船

苏州

【图说】

苏州位于江苏南部，古称吴，隋文帝开皇九年（公元589年）始定名为苏州，以城西南的姑苏山得名，沿称至今。苏州素来以山水秀丽、园林典雅而闻名天下，有“江南园林甲天下，苏州园林甲江南”的美称，其典型的“小桥、流水、人家”，还使苏州有了“东方水城”的称号。

苏州名胜古迹众多，不仅有列入世界文化遗产名录的园林，“吴中第一名胜”虎丘，更有因《枫桥夜泊》而闻名中外的寒山寺。姑苏城外自然风光也十分秀丽，灵岩、天平、天池和洞庭诸山，点缀于太湖之滨，形成了富有江南风情的湖光山色。

苏州既有园林之美，又有山水之胜，自然、人文景观交相辉映，加之文人墨客题咏吟唱，成为了名副其实的“人间天堂”。

【走读】

应该坐船去姑苏

◎ 余一鸣

二十多年前，一个热血少年怀揣着“江苏师范学院”的录取通知书走进苏州。那时的苏州，小桥是那时的小桥，流水是那时的流水，但不入那时少年的眼帘。想不到，四年后离开这吴侬软语的城市时，少年已成为满腹惆怅、一腔感伤的文学青年，二十多年后他才明白，浸洇了他笔下每个文字的是当年姑苏城的烟雨。苏州的一草一木、一砖一墙能给每个身处其中的人打上伤感的烙印，哪怕你只是一个过客。

我就是当年那个学中文的少年，如今当我带领我的学生再读张继的《枫桥夜泊》时，怎么能不读出另一番滋味？说起张继这首诗，不能不提寒山寺。张继之于寒山寺，正如崔颢之于黄鹤楼，一首诗让一个地方天下皆知。寒山寺的寺名来自一位诗人——寒山子。据古籍记载，唐朝元和年间，有寒山子，冠桦布，着木履，披蓝缕衣，驰风掣电，笑歌自若，来到寒山寺这个地方缚茅以居。后来，他游历天台寒岩，与拾得、丰干为友，终隐而去，有《寒山子诗集》流传后世。寒山寺门前，古运河蜿蜒而过，若干古桥横亘其上。在寒山寺的门口，是江村桥，东面百余米，即是枫桥。寒山寺的西北方向约两公里处，有小山，与寒山寺门遥遥相对，名字叫孤山，又名愁眠山。而江村桥也有另外的名字——乌啼桥。现在，我们可以想象出一幅情味隽永、幽静诱人的江南水乡的

苏州古镇

夜景图。让我们轻轻地读一遍这首七言绝句：

枫桥夜泊

月落乌啼霜满天，江枫渔火对愁眠。
姑苏城外寒山寺，夜半钟声到客船。

二十多年前的寒山寺，在我的记忆中只有几处墙体斑驳的寺庙，一地枯黄衰败的落叶。唐朝的寒山寺，还有唐朝的枫桥、唐朝的孤山，在唐朝的张继眼中是怎样的风景，我们只能从诗中去体会。据说张继写这首诗的时候，心情很是苦闷。从当时唐朝的京城西安赶考落榜以后，张继已在途中度过了多少个不眠之夜，乘舟经过姑苏，泊于枫桥边，更是寒夜难眠。月渐向桥的方向落去，诗人看着远处黑黝黝的山，静听寒山寺中传来的悠远的钟声，触景感怀，从而留下千古绝唱。

在张继这首诗后，写枫桥、寒山寺的诗文不计其数，其中不乏名家佳作，但是能让后人记住的唯有张继的这一首诗。我觉得，关键是张继在一个感伤的时刻、感伤的地方写下了一种感伤的心情，才成就了这亘古的诗篇。

夜，是月落之夜，却也有渔火点点，寒夜之中尚有几点暖色。山是孤山，寺是郊野之寺，“乌啼”添人烦闷，“钟声”却让人看到希望。张继呢，虽是京城落榜，但是三年之后尚可再考，未必前程黯淡一蹶不振。据说写了这首万古流传的诗句后，张继就仕途坦荡了，此是后话。我以为，天时地利人和这三者缺一不可。寒中有暖，失望中有希望，情景中和，才有此伤感而朦胧的境界。

想想苏州的地理位置，竟是一肩挑着上海和南京这两座大都市。上海显然是一位摩登女郎，她洋气霸道，咄咄逼人；南京呢，沉稳守旧，暮色苍茫，你看一眼她垂下的眼睑心中就惴惴然。只有苏州，她既不妖娆，也不板面孔，把在那扁担两头受伤的过客们搂在怀中，让你伤口的疼痛消逝，把一份温柔的伤怀缝进你的血肉，跟着你如影随形。我想这大概是苏州被称为“天堂”的又一个理由吧。

“带走一盏渔火，让它温暖我的双眼，留下一段真情，让它停泊在枫桥边……”这首由陈小奇根据《枫桥夜泊》诗意发挥想象创作、由毛宁演唱的《涛声依旧》，曾风行于华夏大地。历史走到今天，人们依然无法丢下枫桥边的那份感伤。前不久驱车去苏州，只见现在的姑苏城，早已车水马龙。桥还是那桥，水还是那水，但街面堵车已是寸步难行。无奈地滞留在车流中，忽然埋怨自己，来苏州本不应开车，应该是坐船，乌篷船，明月夜，桨橹破开镜面水……

游览建议路线

虎丘 寒山寺 沧浪亭 狮子林 拙政园

苏州及周边名胜分布示意图

虎丘寺

【宋】苏　轼

入门无平田，石路穿细岭。
阴风生涧壑，古木翳潭井。
湛卢谁复见，秋水光耿耿。
铁花秀岩壁，杀气噤蛙黾。
幽幽生公堂，左右立顽矿。
当年或未信，异类服精猛。
胡为百岁后，仙鬼互驰骋。
窈然留新诗，读者为悲哽。
东轩有佳致，云水丽千顷。
熙熙览生物，春意颇凄冷。
我来属无事，暖日相与永。
喜鹊翻初旦，愁鸢蹲落景。
坐见渔樵还，新月溪上影。
悟彼良自咍，归田行可请。

苏轼 像

枫桥夜泊

【唐】张　继

月落乌啼霜满天，江枫渔火对愁眠。
姑苏城外寒山寺，夜半钟声到客船。

张继 像

泊舟姑苏

【宋】王安石

朝游盘门东，暮出阊门西。
四顾茫无人，但见白日低。
荒林带昏烟，上有归鸟啼。
物皆得所托，而我无安栖。

王安石 像

题姑苏凌处士庄

【唐】韦　庄

一簇林亭返照间，门当官道不曾关。
花深远岸黄莺闹，雨急春塘白鹭闲。
载酒客寻吴苑寺，倚楼僧看洞庭山。
怪来话得仙中事，新有人从物外还。

韦庄 像

【名篇】

苏州赋

◎王　蒙

左边是园，右边是园。

是塔是桥，是寺是河，是诗是画，是石径是帆船是假山。

左边的园修复了，右边的园开放了。有客自海上来，有客自异乡来。塔更挺拔，桥更洗练，寺更幽凝，河更闹热（吴语等一些南方方言区的词汇，相当于普通话的热闹，编者注），石径好吟诗，帆船应入画。而重重叠叠的假山，传至今天还要继续传下去的是参差坎坷的魅力。

这是苏州。人间天上无双不二的苏州。中国的苏州。

苏州已经建成2500多年。它已经老态龙钟。无怪乎七年前初次造访的时候它是那样疲劳，那样忧伤，那样强颜欢笑。失修的名胜与

苏州园林一景

苏州太湖湾

失修的城市，以及市民的失修的心灵似乎都在怀疑苏州自身的存在。苏州，还是苏州吗？

苏州终于起步，苏州终于腾飞。为外乡小儿熟知的江苏“四大名旦”——香雪海冰箱、春花吸尘器、孔雀电视机、长城电风扇全都来自苏州。人们曾经担心工业的浪潮会把苏州的历史文化与生活情趣淹没，看来，这个问题已经受到了苏州人的关注，还不知道有其他哪个城市近几年的修复复原了这么多古建筑古园林。在庆祝苏州建成2500年生日的时候，1986年，苏州迎来了再生的青春。1500年前的盘门修复了，是全国唯一的精美完整的水陆城门。环秀山庄后面盖起的“革文化之命”的楼房拆除了，秀美的山庄复原，应令她的建造者在天之灵欣慰，更令今天的游客流连忘返，赞叹不已。戏曲博物馆、民俗博物馆、刺绣博物馆……纷纷建成。寒山寺的钟声悠扬，虎丘塔的雄姿牢固，唐伯虎的新坟落成，苏州又回来了！苏州更加苏州！

当我看到观前街、太监巷前熙熙攘攘的人群，辉煌的彩灯装饰的得月楼、松鹤楼的姿影，看到那些办喜事的新人和他们亲友，听到他们的欢声笑语，闻到闻名海内外的苏州佳肴的清香的时候，不禁为她的盛景而万分感动。当然还有许许多多的麻烦、冲撞、紧迫与危机，然而今天的苏州，得来是容易的吗？会有人甘心失去吗？

苏州古镇

不，我不能再在苏州停留。她的小巷使我神往，这样的小巷不应该出现在我的脚下而只能出现在陆文夫的小说里，梦见弹词开篇的歌声里。弹词、苏昆、苏剧、吴语吴歌的珠圆玉润使我迷失，我真怕听这些听久了便不能再听得懂别的方言与别的旋律。也许会因此不再喜欢讲已经法定推广许多年的普通话。那迷人的庭园，每一棵树与它身后的墙都使我倾倒，使我怀疑苏州人究竟是生活在中国、亚洲、硬邦邦的地球上，还是生活在自己营造编织的神话里。这神话的世界比真的世界要小得也要美得多。她太小巧，太娇嫩，太优雅，她会使见过严酷的世界，手掌和心上都长着茧的人不忍去摸她碰她亲近她。

一双饱经忧患的眼睛见到苏州的园林还能保持自己的威严与老练吗？他会不会觉得应该给自己的眼睛换上纯洁的水晶？他会不会因秀美与巨大这两个审美范畴的撕扯而折裂自己的灵魂？他会不会觉得自己和这个世界已经或者正在或者将要可能成为苏州的留园、遇园、拙政园的对立面呢？他会不会产生消灭自己或者消灭苏州这样一种疯狂的奇想呢？

更不要说苏绣乃苏州的看点了。看到一个个刺绣女工的惊人的技艺和耐心，优雅和美丽，我还能写作和滔滔不绝地发言吗？能不感到不好意思吗？还有勇气或者有涵养去倾听那些一知半解的牛皮清谈、草率无涯的胡说八道吗？在苏州呆久了，还能承受那些乏味、枯燥与粗野的事情吗？

苏州的刺绣，沉静的创造。苏州的菜肴，明亮的喜悦。苏州的歌曲，不设防的温柔。苏州的园林，恬美的诗情。苏州的街道，宁静的幻梦。而苏州的企业和企业家，温雅的外表下包含着洋溢的聪明生气。这一切都是怎么发生怎么留存的，又怎样经历了那大起大落大轰大嗡多灾多难的时代。

苏州园林一景

苏州是一种诱惑，是一种挑战，是一种补充。在我们的生活里，苏州式的古老、沉静、温柔已经变得越来越陌生。而大言欺世、大闹盗名、大轰趋时的“反苏州”却又太多了。苏州更是一种文化历史现实未来的混合体。苏州是一种珍惜，是一种保护，对于一切美善，对于一切建设创造和生活本身的珍惜与保护。苏州也是一种反抗，是对一切恶的破坏的无声的反抗。虽然，恶也是一种时髦，而破坏又常常披上革命的或现代意识的虎皮。我真高兴，七年以后，我有缘再访苏州。我们终于能够平静下来，保护苏州，复原苏州，欣赏苏州，爱恋苏州了。我们终于能珍重苏州的美，开始懂得不应该去做那些亵渎美毁灭美的事情。在历史的惊涛骇浪和汹涌大潮当中，在一个又一个神圣的豪情与偏狂的争闹之中，在不断时髦转眼更替的巨轮与浪头之中，苏州保留下来了，苏州复原了，苏州在发展。苏州是永远的，比许多雷霆万钧的炮声更永远。

王蒙（1934—　）

河北南皮人，祖籍河北沧州，1934 年 10 月 15 日生于北京，中国当代作家、学者，著有《青春万岁》《活动变人形》等近百部小说。其作品反映了中国人民在前进道路上的坎坷历程。他乐观向上、激情充沛，成为当代文坛上创作最为丰硕、始终保持创作活力的作家之一。

【今作】

不朽的失眠

◎ 张晓风

他落榜了！一千二百年前。榜纸那么大那么长，然而，就是没有他的名字。啊！竟单单容不下他的名字“张继”那两个字。

考中的人，姓名一笔一画写在榜单上，天下皆知。奇怪的是，在他的感觉里，考不上才更是天下皆知，这件事令他羞惭沮丧。

离开京城吧！议好了价，他踏上小舟。本来预期的情节不是这样的，本来也许有插花游街、马蹄轻疾的风流，有衣锦还乡、袍笏加身的荣耀。寒窗十年，虽然他悬梁刺股，琼林宴上却并没有他的一角席次。

船行似风。

江枫如火，在岸上举着冷冷的爝焰，这天黄昏，船来到了苏州。但，这美丽的古城，对

张继夜泊处

张继而言，也无非是另一个触动愁情的地方。

如果说白天有什么该做的事，对一个读书人而言，就是读书吧！夜晚呢？夜晚该睡觉以便养足精神第二天再读。然而，今夜是一个忧伤的夜晚。今夜，在异乡，在江畔，在秋冷雁高的季节，容许一个落魄的士子放肆他的忧伤。江水，可以无限度地收纳古往今来一切不顺遂之人的泪水。

苏州古镇

这样的夜晚，残酷地坐着，亲自听自己的心正被什么东西啮食而一分一分消失的声音，并且眼睁睁地看自己的生命如劲风中的残灯，所有的力气都花在抗拒上，油快尽了，微火每一刹那都可能熄灭。然而，可恨的是，终其一生，它都不曾华美灿烂过啊！

江水睡了，船睡了，船家睡了，岸上的人也睡了。唯有他，张继，睡不着。夜愈深，愈清醒，清醒如败叶落余的枯树，似梁燕飞去的空巢。

苏州古镇水道

起先，是睡眠排拒的他。也罢，这半生，不是处处都遭排拒吗？而后，是他在赌气，好，无眠就无眠，长夜独醒，就干脆彻底来为自己验伤，有何不可？

月亮西斜了，一副意兴阑珊的样子。有鸟啼，粗嗄嘶哑，是乌鸦。那月亮被它一声声叫得更黯淡了。江岸上，想已霜结千草。夜空里，星子亦如清霜，一粒粒零落凄绝。

在须角在眉梢，他感觉，似乎也森然生凉，那阴阴不怀好意的凉气啊，正等待凝成早秋的霜花，来贴缀他惨淡少年的容颜。

江上渔火二三，他们在干什么？在捕鱼？或者，虾？他们也会有撒空网的时候吗？世路艰辛啊！即使潇洒地捕鱼的，也不免投身在风波里吧！然而，能辛苦工作也是一种幸福吧！今夜，月自光其光，霜自冷其冷，安心的人在安眠，工作的人去工作。只有我张继，是天不管地不收的一个，是既没有权

寒山寺

利去工作，也没福气去睡眠的一个……

钟声响了，这奇怪的深夜的寒山寺钟声。一般寺庙，都是暮鼓晨钟，寒山寺却敲“夜半钟”用以警世。钟声贴着水面传来，在别人，那声音只是睡梦中模糊的衬底音乐。在他，却一记一记都撞击在心坎上，正中要害。钟声那么美丽，但钟声自己到底是痛还是不痛呢？既然失眠，他推枕而起，摸黑写下“枫桥夜泊”四字。然后，就把其余二十八字“照抄”下来。我说“照抄”，是因为那二十八个字在他心底已像白墙上的黑字一样分明凸显：

月落乌啼霜满天，
江枫渔火对愁眠。
姑苏城外寒山寺，
夜半钟声到客船。

感谢上苍，如果没有落第的张继，诗的历史上便少了一首好诗，我们的某一种心情就没有人来为我们一语道破。

一千二百年过去了，那张长长的榜单上（就是张继挤不进去的那纸金榜）曾经出现过的状元是谁？哈！管他是谁。真正被记得的名字是“落第者张继”。有人会记得那一届状元披红游街的盛景吗？不！我们只记得秋夜的客船上那个失意的人，以及他那场不朽的失眠。

一江春水向东流

上海

【图说】

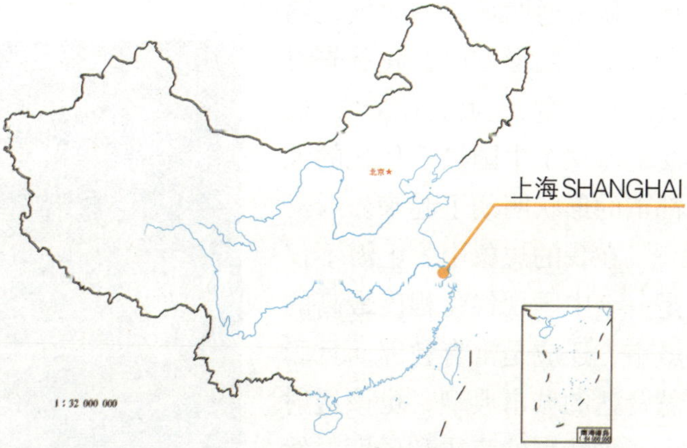

上海地处长江三角洲前沿，东濒东海，南临杭州湾，西接江苏、浙江两省，北靠长江入海口，地处我国南北海岸线的中部，交通便利，腹地广阔，地理位置优越。这一切将上海造就成了中国最大的综合性工业城市，中国最大的经济中心和贸易港口，中国重要的科技中心、贸易中心、金融和信息中心。

上海还是中国城市化发展的典型代表，一个新旧交替的城市，曲折多变的成长历程令人慨叹。

在上海滩这个大舞台上，不论乱世枭雄还是贩夫走卒，或惊天动地，或平淡庸常，都上演得绘声绘色。他们在历史长河中虽如划过黑夜长空的流星，稍纵即逝却十分耀眼，折射出人生的光亮。外来入侵者带来的民族的难堪屈辱，中国数百年政治经济无休止的动荡——上海，集中体现了中国近代以来几乎所有的风云变幻、云诡波谲。这一切都栩栩如生地存入了当下中国的集体记忆。

【走读】

第一次去上海

◎ 陈启文

我第一次去上海，很早。

那是 1988 年秋天，我们在游完普陀山之后，由舟山群岛的沈家门海港出发，坐了一夜海船来到了上海。因为担心大家会晕船，当时的市科协副主席张毅搞来了一种小药丸，这药很厉害，吃了之后我们个个睡得宁静如婴儿，一觉睡醒海轮已驶进了黄浦江，正是上海在晨晖中显得通明灿烂的时候，隔着海轮的圆形舷窗，我首先看见的是宝钢,庞大无比的宝钢,使上海这个中国最现代化的大都市的形状明朗了起来。

在我的想象中，上海不仅是一个中国现代化程度最高的城市，还应是富有教养而且聪慧贤达的城市典型，也该透射出一种特别的气质和风度。然而上岸之后我们都发现上海实际上很“破”，并没有第一秒钟就让我们感到惊异的那种现

东方明珠塔

代感。年轻的张宇浩科长有一个习惯，每到一个城市先要数一数这城市里高档车辆所占的比例，结果让他大吃一惊，上海每十辆小轿车中仅有一辆够得上“高档”，这个比例远远低于内地的岳阳。除了车子不够档次，上海的房子似乎更不够档次了，那时上海的标志性建筑“东方明珠”电视塔还没竣工，浦东新区还是一片荒芜的海滩，我们沿途看见的建筑物，只有浦江饭店、锦江宾馆还隐约流露出往日的贵妇风韵，别的房子都平平，太平平了。走过苏州河上的白渡桥时，一股股沤得发馊的臭气翻涌而上，这让我更加怀疑，我们真的到了上海吗？是不是摸错了门了？

城市风景

我们随着张宇浩科长去拜访了他住在石库门内的一家亲戚。这一家五六口人，全挤在一间七八平米的房子里，主人从床底下抠出一只只小凳子，给我们坐。房内的床铺桌椅都是可以伸缩变化的，尽可能地变化出一点让人可以容身的空间。对于上海人的小气和冷淡，很多文章中都有反映。上海人所谓的小气可能就是缘于他们狭小的生存空间，从装饭盛菜的碗碟到桌椅都尽可能小，越小越好。他们冷淡，不好客，可住在这么大一点儿地方你让他们怎么好客？阁楼是上海屋檐下最普遍的景观，三米来高的房子里还架起一米多高的阁楼，一个白天你在大街上看见的漂亮上海姑娘，夜里就像鼹鼠一样蜷缩在这样阴暗的阁楼里。有些人家的房子过于狭窄，相邻的两家会很有默契地合作，楼上的阁楼会穿墙而过，以便开辟出够一个人躺下的长度。于是就会出现这样的情景，一个姑娘上半截身子躺在自己家里，下半截身子躺在别人家里，而邻居家的那个小伙子，则隔着一层很薄的夹板和这姑娘从小睡到大，但绝不会有浪漫的事发生。像这种都没有房住的姑娘和小伙子，是绝对不会结合在一起的。

石库门一角

居住形式限制了上海人对许多

事实本身的表达。没有哪个城市里的人会像上海人挨得这么近，可他们却极少交流，也缺少了解别人生活的心情。这座城市里充斥着被现实逼仄、挤压，乃至扭曲后的人物，但奇怪的是，你并不会感觉到他们活得很累，很痛苦。无论男女老少，他们一走出弄堂，就变得傲岸而又炫耀了，令人迷惑不解地显得很贵气。

和广州一样，上海有着自己的独特话语，但不像广东话那么呛人，你向他们问路，他们会停下脚步，一动不动，温顺地朝着你看，那种姿态就像事先早已得知你个乡巴佬肯定会在这座城市里找不着北。上海对广州、香港充满了敬重，除此之外对其他外省人他们一概视为乡巴佬。香港对上海却十分地瞧不起，它把所有的大陆人（广州、潮州除外）不分青红皂白地全部称为"上海佬"，即使我们这种远离上海的湖南人，也被香港称为"上海佬"。十里洋场的上海，不知怎么成了香港对大陆的通称，我到现在也不明就里。

上世纪八九十年代的上海，是全中国的购物天堂，南京路的繁华可以用一个事实来说明：你在这条马路上走三步，如果没有人撞着你的肩膀，那是人最少的时候。走在南京路上我们变成了真正的乡巴佬，一个个样子显得鬼鬼祟祟，微微撅着屁股，弓着腰，也不敢到处乱看，仿佛看一眼就会受到牵连，怕人家怀疑你是扒手。在南京路百货商店门口，永远都排着长队，人最多的时候，为了不让自己被挤出来，后边的一个人会紧紧搂着前面那个人的腰，一个老汉搂着一个大姑娘的腰，或一个老太婆搂着一个小伙子的腰，你千万不要瞎想，这是南京路最常见的一种秩序。一些年轻夫妇，丈夫搂着前边的一个女孩子，他妻子还在一旁给他扇风，一边扇一边不停地叮嘱自己的丈夫："搂紧点啊。"被陌生男人搂住的姑娘也绝不会有什么反感，她也得同样搂住自己前边那个人。

外滩

那时还很少有电子声光门，最时髦的是欧陆风情的旋转门。这种门很容易让你晕头转向。在上海有一个最流行的经典笑话：一位乡下老太太转了一圈后又转到外面，她却以为进了商店，

豫园九曲桥

她看见了天空、白云、太阳、排队的长龙阵，便大叫了一声，天啊，这个商店好人啊！我们几个岳阳的乡巴佬还挺幸运的，没有闹出这样的笑话，不过往商店里一走，就傻了眼了，上海货好，手表、缝纫机、自行车、半导体，什么都好，可不是你想买什么就能买的，全都凭票供应，没票就得掏外汇、侨汇券。哪怕是中国经济贡献最大的城市（每年上缴中央财政占全国的三分之一强），上海也是中国最晚取消票证的城市，直到上世纪九十年代（即二十世纪九十年代，编者注）中期朱镕基担任上海市委书记后才逐步取消。

那时我手里还有几百块德国人给的外汇，就给我爱人买了一条真丝围巾。张宇浩科长看了眼热，用人民币在我这兑换了外汇，也买了同样的一条真丝围巾。别的几位，只拣了些人民币可以买的平常东西，我记得张毅主席买了一个拖把头，回到旅馆后得意洋洋地给我们演示了好久。

在上海住旅馆也得凭票：车票、机票或船票。你买好了离开上海的票，上海才会接纳你。上海那时好像十分担心，生怕你这家伙会赖在这里不走，有钱也不成。

张科长颇费了一番周折，才拿到湖南省委组织部的介绍信，又通过上海市委组织部，找到了一家军队招待所，这家招待所没有名字也没有部队番号，只有门牌号码。门口站着笔挺的警卫，刺刀上反射的日光把那个号码照得很亮。要说我们的来头也不小了，还得一个一个地验明正身。当那

南京路

位负责登记的女兵用狐疑的眼神瞄着我时，张科长连忙介绍说，你别看他这么年轻，他也是高级知识分子呢。

我居然没有脸红。

住下来后，才有心情去逛外滩、城隍庙等风景名胜。而我，却一个人悄悄跑到了上海巨鹿路675号。上海有些街道看上去毫不起眼，但走进去了却不是这么回事。城市是一种视觉文化，但城市背后不能缺少理想的人格要素和人文精神。这里是中国作家心中的另一圣地，《收获》《上海文学》和《萌芽》这三家杂志社就在这里办公。这是一条相对冷清的街，房子也很旧了。那天正好是星期天，一扇扇门窗都紧闭着，只有窗台上的盆景用心绿着。我虽然无缘走进这幢大楼，但感到了某种生机。即使在文学刊物最畅销的年代，也不会有人把《收获》《上海文学》和以前的《萌芽》当作大众媒体，北京的刊物最精英化，而上海的刊物最贵族化，这也是京派文化和海派文化最鲜明的区别。所谓精英，我的理解是，它由主流文化作为支撑而且直插时代心脏，精英的意义是因为立足于主流文化的最高位置。

上海不可能有这样的高度，可上海却拥有颇深刻殖民化后入骨入血的优雅风度，雅致得有些过分。这几家刊物都强调了自己的纯洁性，文字干净得令人羡慕，像河里的卵石那样光滑。它让你感觉到文学纯粹的美，美得诱人，这也是《收获》被人称为纯文学的一面旗帜的全部理由。但它不会像北京的《十月》那样有巨大的冲击力，将痛苦、欲望、仇恨同整个世界结合在一起，强有力地表现出拯救一切和毁掉一切的目的，它追求的不是力量而是完美。

城隍庙

唯美是上海最主要的贵族气质，上海对美的坚持甚至变成了固执。这使得上海的精密制造业可以与瑞士媲美，即使是庞然大物，上海也会以制造钟表的精细去制造。中国最优秀的制造业工人都集中在上海，像王进喜那样的铁人上海却很少出产。这也使得上海这座城市看上去虽然有些破，但丝毫不烂，对于“破”的现状，还有些不同寻常的心平气和。上海不会干那种拆东墙补西墙的面子工程，也不用廉价的涂料伪造自己。当一座现代化的新城在浦东崛起时，你才发现这座城市是那么有定力。一座城市需要有抵挡名利诱惑的定力，上海的这种定力，使他们没干那种拆了建、建了拆的蠢事，他们一心一意建了浦东新城之后，再集中精力地改造老城。而在离它不远的另一座城市，则花了十个亿建了一座立交桥，又花了十个亿拆了桥变回原来的样子。那里的老百姓怨声载道，天杀的，天杀的。

我从上海买回来的那条真丝围巾，系在我爱人脖子上还真贵气。系了几天，她觉得有点脏，就在热水里洗了洗，一洗就皱皱巴巴地蜷缩成了一团。我爱人问：“怎么这质量，不是假的吧？”我苦笑道：“你这脖子只配系化纤啊，真正的蚕丝怎么能在热水里洗？”

一条这样的真丝围巾，上海女人可以系一生。

游览建议路线

外滩 · 豫园 · 城隍庙 · 东方明珠

上海及周边名胜分布示意图

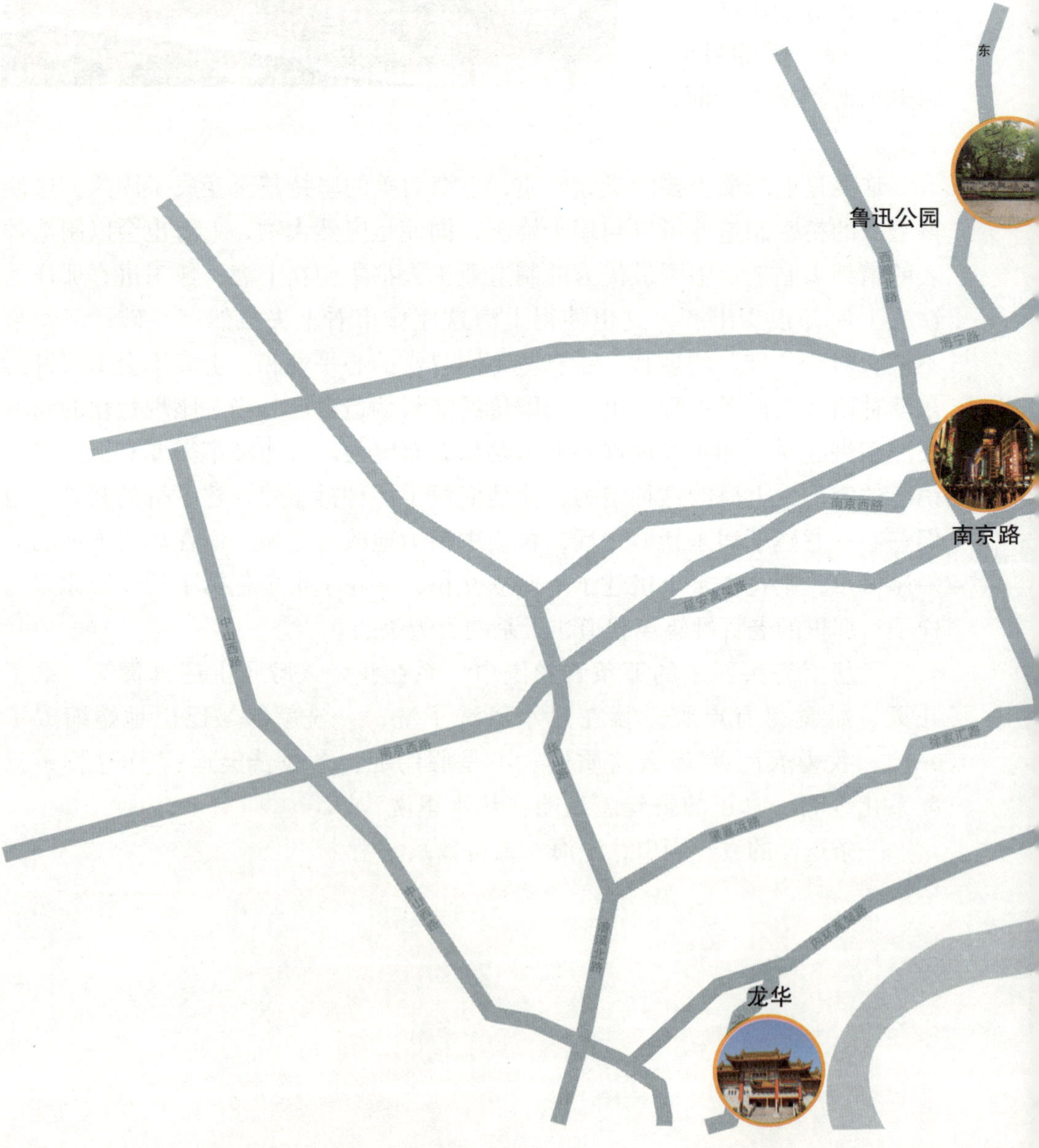

龙华 朱家角

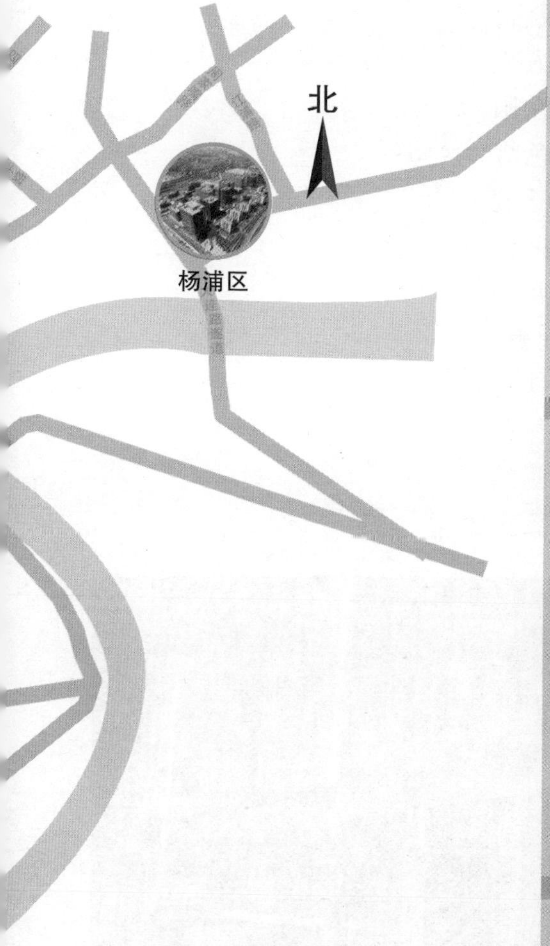

鲁迅公园

上海是鲁迅生命中很重要的一座城市。他曾先后寓居于上海的大陆新村、南市紫霞路68号和四川北路千爱里3号等。1936年10月19日，鲁迅去世于上海。今天的鲁迅公园便是为纪念鲁迅而建成。

龙　华

鲁迅《为了忘却的纪念》中所写的“左联”五烈士，即被国民党反动派杀害于此。当代散文家余秋雨先生的《家住龙华》写的也是这里。

杨浦区

就在这些高楼大厦的原址上，半个多世纪前曾经生活工作着一群被称作“包身工”的中国女工。现代著名作家夏衍的报告文学《包身工》，写的便是曾经隐藏在一片高楼背后的故事。他的著名话剧《上海屋檐下》，讲述的也是一群旧时代上海人的故事。

南京路

南京路是今天上海最繁华的一条商业街。现代话剧《霓虹灯下的哨兵》即是以曾在此路上执勤的“南京路上好八连”为原型创作的。

【名篇】

水边的老酒店

◎ 陈丹燕

在上海人的心里，黄浦江边上的，绿色铜皮瓦楞装饰的花岗岩的大楼——和平饭店，是上海最好的饭店。在那些怀旧的上海人心里，它是他们梦想中的故乡，它即使是在阳光最好的夏天，也充满了昏暗沉重的黄色灯光，让人心里轻轻地一沉；因为岁月而泛黄了的白色大理石，即使是在最酷热的夏天，也是清爽而典雅的，让人想到不该穿着露脚趾的鞋子；路过大堂，褐色的高大护壁板，黄色的铜栏杆，青春时代建筑的黑色铸铁花纹旖旎浪漫地曲卷着，都是过去，都是过去。在老式的圈椅里坐下，还没有等到自己叫的咖啡，已经闻到了那香气，那是多少年来，多

和平饭店

少杯热咖啡在点点滴滴的地方留下来的气息。只要一分钟，你就能想到从前的人和从前的咖啡，那怀旧的心，不由得就生出来，何况一心想着回到过去时代里的人！要是他们的家乡真的有什么让自己骄傲的地方，那就是这水边的老酒店了。

酒店是20世纪20年代造起来的，是芝加哥学派的哥特式建筑，它是外滩最早兴建的大楼，是从前的沙逊大厦，由在上海发了财的英国犹太人沙逊建筑。由于它造得美，造得豪华，造在迅速成为远东大都市的上海的最黄金地段的江边，从前，在那些怀旧的上海人远远没有出生的时候，它被称为“远东第一楼”，是远东在战前最豪华的地方。

这花岗岩的大楼，是上海欧洲人的传奇，就像一个苦孩子在桥边拾到金斧头。想来也是这样，一个在欧洲生活安定、没有大理想的人，不能想象到一个没有咖啡和起司的地方干什么去。而那些穷而思变的人，夹着他们的硬壳箱子和冒险一搏的心思，到上海来了。沙逊也是这样，而且还是个瘸子。靠着这个迅速发展的都市，他发了财，他找到了在欧洲幻想的好日子，他享受它们，炫耀它们，让在水边的酒店夜夜笙歌，维也纳来的咖啡，纽约来的黑色丝袜，巴黎来的香水，彼得堡来的白俄公主，德国来的照相机，葡萄牙来的雪利酒，全部来陪衬一个欧洲人在上海发迹的故事。还有那个时代的名人，美国的马歇尔将军、美国的司徒雷登大使、英国的萧伯纳、美国的卓别林、中国的宋庆龄、中国的鲁迅，他们从黄铜的旋转门外转了进来，走在吸去了所有声音的红色地毯上。

还有从前为了躲开暗杀党的人，整年住在这里的某一扇静静的褐色门后；还有从美国来的剧作家在这里写了《私人生活》；还有从欧洲九死一生逃亡上海的犹太人，在这饭店里，度过了整个第二次世界大战，那永远拉着白色丝窗帘的房间，像他们母亲的温暖子宫一样包围着他们、保护着他们、制约着他们，直到他们被国际犹太人遣送组织送走的那一天。

那楼上长长的甬道，安静的，温暖的，被黄色的青铜壁灯照亮的，两边的房间门总是紧闭着，要是你站在长长的甬道尽头，看着灯里的门，也许你会想到，当门打开的时候，走出来的是四十年代的人，女人穿着后面有一根袜筋的玻璃丝袜，男人抽着那个年代时髦的埃及香烟。

八十年的老饭店，什么事没经历过呢！

像上海这个城市一样的，几经沧海。

有一件事没有改变，从前，这里就是落在上海的一块欧洲的碎片，现在它还是这样。几十年过去，上海重新出现了外国旅游者以后，欧洲的老人们

和平饭店藻井

成群地来住在这里，他们在这里看到了完好保留着的他们年轻时代的东西——褐色的护壁板，青春时代建筑风格的曲卷铁花纹，还有老欧洲的那种令人心灵一沉的黄色灯光，那种微微的感伤气氛。还有一支在英国式的酒吧里演奏爵士乐的老人乐队，他们从40年代他们还很年轻的时候就演奏爵士乐，中间空了三十年，现在又重新为外国人演奏原来的曲子了。

1991年，著名的海滨娱乐团开始选择和平饭店做他们每年一夜的狂欢聚会的地方。来自美国、欧洲和澳大利亚的怀旧显贵们，来这里寻找他们昨日重现的一夜。那一夜欧洲宫殿式的大厅所有的水晶吊灯全部被擦亮打开，成箱从南欧运来的葡萄酒被喝光了，地上撒着戒指，老饭店的庄重、豪华、伤感、高贵，在海滨娱乐团的那一夜全部复活了，好像灰姑娘的故事。

那个夜晚，目睹了老饭店突如其来的活力的上海年轻人，真的目瞪口呆。在场的一个年轻摄影师，后来成了最热爱上海过去的人。后来和平饭店更换了从前速度太慢的老式电梯，他是最持久和痛苦的反对者，他反对更换任何一件老上海的东西，反对拆除任何一栋老上海的房子。

1992年，和平饭店被世界著名饭店组织接受为世界最著名饭店，中国只有这一间饭店得到这个称号。

好像什么东西又都回来了，饭店里的英式房间里生着壁炉，美式房间里有银烛台，西班牙式房间里放着老式的高柱子木床，侍者的黑发上擦着亮晶晶的发蜡，笑容矜持而殷勤。

一句“到和平饭店喝咖啡去”，说出了上海年轻人的一个怀旧的晚上。坐在那里，他们想，要是自己早生五十年，会有什么样的生活，能有什么样的故事。那是比坐在他们邻桌的欧洲老人更梦幻的心情吧，也是只有上海孩子才能有的心情：对欧化的、富裕的生活深深的迷醉，对自己生活的城市曾经有过的历史深深的自珍。到那里去的上海年轻人，希望自己有更好的英文，更懂得怎样用刀叉吃饭，更喜欢西洋音乐，有一天，可以拿出来一张美国护照，指甲里没有一点点脏东西。

这也是这个城市年轻人潜在的传统，从来没有被大声地说出来过，也从来没有停止过。

和平饭店咖啡厅

这水边的老酒店，又是夜夜笙歌了，当然他的主人不在这里。

他死在上海，躺在上海虹桥的一小块荒凉的墓地里，那是一块外国人墓地，他的四周还有许多和他一个时代来的欧洲人，都死在上海。只是他的墓用一些绿色的冬青树围了起来，席地而来的绿色藤蔓没有爬满他的墓碑。他的墓碑是用最普通的石头做的，他的名字是用最简单的黑字刻的。

他还是著名的，所以他的名字没有被刻错一个字，不像别的欧洲人，常常被刻错了名字，也没有生卒年月。

外国人拥挤的墓地，只有石头的墓碑紧挨着，躺在异乡的草地上。那里也是静的，也有金色的上海阳光照耀着，有一点点像老酒店里被灯光照亮的甬道。

（节选自《上海的风花雪月》）

陈丹燕（1958—　）

当代著名女作家，1958年12月18日生于北京，祖籍广西平乐，1966年移居上海。代表作有《上海的风花雪月》《上海的金枝玉叶》等。

【今作】

来自沈庄的报告

◎ 陈佳勇

对于这个叫作“沈庄”的地方，我自以为很熟悉，虽然我的年龄与这位老者的年龄相差很远。

沈庄成陆于唐以前，因为有人居住，因而有历史。如果不是命运的安排，我是不会称之为故乡的。解放前，我的曾祖父随同他的同乡一起举家移民至此，那是上海至今最大的一次移民潮。我直到现在还怀疑我曾祖父的眼光：为什么将家安在这个地方？仅仅是因为这儿比老家好，抑或是料到自己不属于城市的繁华，而选择了位于市郊南汇的沈庄？我不得而知。

沈庄是个小地方，小得以至于《南汇县志》对它的记载仅有四十八个字外加五个逗号三个

沈庄一角

水乡小景

句号。这里曾经聚集了许多人，一条沈庄老街曾是父辈们成长的地方。而今年轻人大多搬走了，剩下许多老人，有本地的，也有第一代移民至此的。当人们感叹上海出现人口负增长，即将步入老龄化社会时，沈庄却早在几年前就步入了老龄化社会，只是没有被引以为典型，加以宣传罢了！

然而，我毕竟在这里生活了十八年，这里有我童年的欢笑，这种感情是超越时间与空间的，也是不能用相对论来解释的,无论是广义还是狭义。

许多人赞叹周庄的明清江南小镇风韵，甚至有人肉麻地称那里的空气也带着明清江南的气息。我原本也是想从那里带点肉麻的感觉回来的，但我很失望。在那里我见到的并非我梦中的周庄，在那里我吸到的空气也还是20世纪90年代末的，我总觉得那是一个脚蹬耐克鞋、身穿燕尾服、头戴瓜皮帽的小丑。或许几十年前的周庄并非现在这个模样，也许很清纯，但这种清纯不属于现在的周庄。

我总是不经意地由周庄想到我的故乡沈庄。沈庄从来就没有因为大画家的巨作而成名过。有人来写生，那多半是美院的学生，作画仅是为了应付老师的作业。

当越来越多的上海人厌倦了都市的喧嚣，欲觅一处清闲之地时，他们会去游周庄看同里下桂林登泰山攀拉萨甚至兜新马泰，他们热衷于在庐山上摇扇子，还有人心甘情愿地钻在海南岛的沙滩上生痱子，诸如此类不胜枚举。其实沪郊原本也有许多很有格调的江南小镇，河浜众多，石桥座座。可如今河浜填了，石桥拆了，美其名曰老镇改造，可各镇改造却为什么如此雷同？是求和谐还是一味克隆？好东西不是不曾拥有，而是不曾珍惜；有人想珍惜，但更多的人不懂得如何珍惜。

沈庄也是这样一个小镇，于我而言是美丽的。老街的地上铺着青砖，雨天走路很容易摔跤，因为上面还长有青苔。萧瑟的秋叶往往夹带着萧瑟的秋风，秋风吹过，总有丝丝寒意。这么多年过去了，老街显得有些苍老，

水乡小景

青砖的光泽已剥去许多，宛如老妇人脸上的黄褐斑。也许老街也应该服用“朵儿胶囊”（某一段时期风靡的美容保健品，编者注）了，但倘若真的服用后青春焕发，那还是沈庄老街吗？

老街曾经很热闹，店铺林立，是远近闻名的闹市，还有农历十月初五赶庙会的传统。只不过都是几十年前的事了。现今在其他乡镇也还有这种传统“赶庙会”，颇为好笑。无非是百十来个小贩，拖着大包小包摆摊，其中夹杂许多伪劣商品，吆喝上十来天，然后纷纷作鸟兽散，各奔东西，来年庙会再相逢。还是那些人，还是那些东西，还是那些所谓“传统”，勾织起了一个走了样的现代“赶庙会”。这不是美好神话的破灭，而恰恰是无聊杂耍的继续！

老街上曾有一家竹木器店。我亲眼见到过老艺人灵巧的双手间所诞生的精美工艺品——虽然那只是一个锅盖或一个竹篮。现在沪郊农村对于这些东西的需求已不像过去那样紧迫，因而年事已高的老艺人的失业是必然的。我清晰地记得那天老艺人的神情很木讷。他一辈子靠这个吃饭，现在人们不需要他了，很无奈也很伤感。他的女儿曾经不止一次地劝他歇业，回去养老，他执意不肯。老艺人知道那时人们离不开他。但现在他终于不得不对陪伴了他一生的凿子、斧子惆怅地说再见。这是时代发展的必然结果，于我们是社会的进步、生活的改善，而对于老艺人而言则是一种莫名的失落。

我也曾经在装有土锅炉的理发店里剃过头，那是个很温暖的地方。理发师是我熟识的，从小爷爷就领我到他那儿理发，现在依旧，只是锅炉拆了，房子也翻新了。我也不再会因为房子光线的黯淡，而担心理发师将我的耳朵剃掉，那曾是我童年最大的担忧。除了土锅炉之外，我对于理发店的改变欣喜若狂，狂热到希望理发师在我的头上尽情纵横驰骋，犹如当年大批知青在北大荒播撒希望的种子一般。

我对于曲艺的爱好，也源于老街。正是在老街的茶馆里，我接受了最启蒙的艺术教育——听评书。那时候每天下午一点我会准时到达茶馆，然后茶馆管理员便会往我的口袋里塞上一大把瓜子和花生，拉着我一起坐到最后一排听说书，那仿佛成了我每天雷打不动的必修课。说实话，尽管接受了长期

沈庄街景

的熏陶，我仍旧对苏州话一窍不通，只是对那里的氛围感兴趣。那时的茶馆里的顾客都是老人，个个活得很惬意。花上五分钱买上一小罐茶叶，用大水壶的开水泡上一壶浓茶，带上一个白瓷青花纹小杯，慢慢品味。文人称之为品茗，乡下人朴实得很，称之为吃茶。这些都是我上小学前的记忆。

而今茶馆依旧存在，只是再也没有唱评书的苏州人来。茶叶的价格一小罐涨到了五毛，水是用电水壶烧出来的，当然也有饮水机，只是用那水泡茶是要外加水钱的。当年的老爷爷们大多仙去了，即便还活着，也很少到镇上来了。现在多的是一些游手好闲的青年，抽烟搓麻将，一片乌烟瘴气。空余的几间茶室也移作他用，开游戏机房，开录像放映厅，到了晚上噪音连天。对于这个地方，我已没有好感。

老人们总是很喜欢怀旧。从他们的闲谈中我知晓，我所看到的沈庄已是被摩登过了的。很久以前，在沈庄，古道西风瘦马是没有的，但小桥流水人家还是有的，至于断肠人那是属于大医院的，沈庄的小诊所治不了。原本老街南北中各有一座石拱桥，一名南石桥，一名环龙桥，一名小石桥。现今南石桥改建成了沪郊最习以为常的那种水泥梁桥，而小石桥被拆了。仿佛一家人妻离子散，只剩下环龙桥孤苦伶仃，长相思，痛别离，老气横秋，成鳏夫一人。

只是环龙桥命运亦不济。相传此桥建于清嘉庆年间，上有雕花栏杆，常有独木舟从此桥过，乃古镇鹤沙八景之一——虹桥夜月。无奈桥上栏杆及许多大石块被附近居民占为私有，成了自家建房之石料。我真是很佩服现代人的“聪明才智”。古人只知从山上采石，一凿子一凿子地流汗，哪会想到现代人就地取材如此方便，一根扁担，一根麻绳，两个壮汉，十分钟工夫，搞定。

河是挺多的，有咸塘港，有沈公塘，还有一些原本有名字为人熟悉却被填掉故而我不清楚的河浜。小时候，倒是经常见到木筏子，不是“小小竹排江中游”的那种，而是用烧油的会冒黑烟的开过会引起“河啸”的那种拖船拉的。木筏工总是很灵活，手拿长竹竿，从一个筏子跳到另一个筏子，有点朱建华的感觉。只是这种工作异常辛苦。我还记得有人在河里摸蚌，我只晓得它的壳磨过之后是可以用来削瓜果皮的，它的肉却是异常坚韧，咬定青山

不放松，对于这个却不得不放松。

现在咸塘港、沈公塘都变浅了，也变脏了，有时还很臭……这种臭是鼻子闻的，但是心却在流泪……

沈庄老街两边的民居很有特色，有许多木结构的老房子。或许是沈庄没有名人的缘故吧，这些老房子保护得并不好。我只知沈庄的来历可能与明朝江南首富沈万三有点联系，至于如何联系，不甚了了。但即便有了名人，又如何呢?

离沈庄不远的王楼，便有傅雷的故居。那可是正宗的清代建筑。傅雷的一生是悲剧性的，谁曾想到若干年后他的故居也如主人一般，在寒风中悲剧性地摇曳、颤抖!

对于沈庄我是有感情的。我留恋昔日的风光，但我更希望它能有一个美丽的明天。有时我们的观念的确需要注入一些时代的精神，让它充满活力地伴随历史的车轮跳跃，充满激情地在征程上高歌。对待变化中的事物，应该大度一点。就如同中国人前天喝了一罐可口可乐，吃了一顿“肯德基”，但他不会以为今天自己就美国化了；美国人也不会因为今天看了一场京剧，明天买了一套景德镇瓷器，便以为后天自己就中国化了!

事物总是在变的。为了获得更好的东西，应该付出一些代价。只是千万不要将旧的不分好坏统统抛弃，而新的竟反而更不如旧的。倘若果真如此，喜马拉雅山也会流泪的。我最担忧的正在于此，不局限于沈庄。但愿明天会更好。

江南忆，最忆是杭州

【图说】

杭州位于浙江省北部，钱塘江下游北岸，京杭大运河南端，以美丽的西湖著称于世。“上有天堂，下有苏杭”表达了古往今来人们对于这座美丽城市的由衷赞美。宋代大文豪苏东坡也曾写道：“天下西湖三十六，就中最好是杭州。”

有着2200年悠久历史的杭州还是我国七大古都之一，人文景观同样丰富多彩。古代庭、园、楼、阁，塔、寺、泉、壑遍布，或珠帘玉带、烟柳画桥，或万千姿态、蔚然奇观，其中最为著名的有灵隐寺、六和塔、飞来峰、岳王庙、西泠印社等。此外，杭州还留下了许多名人的足迹，如苏轼、白居易、周邦彦、袁枚、梁实秋、戴望舒、徐志摩等都曾在西湖边徜徉。

【走读】

江南忆，最忆是杭州

◎国　天

烟雨中的杭州。缥缈的雨雾笼罩着这个古老的城市，为她披上一层若隐若现的薄纱，更增添了几分灵气。空气中飘荡着千百年来积累的爱情的甜蜜和美丽。

深冬的杭州，依然风姿绰约、自然灵秀。虽然冷冷的风吹乱了头发，但这个沉淀着无限风花雪月与美丽传说的城市，依然山水旖旎。西湖依然妩媚，水波依然灵秀，动中有静，静中有动，整个杭州城在这如画的风景中媚态十足。“水光潋滟晴方好，山色空蒙雨亦奇。欲把西湖比西子，淡妆浓抹总相宜。”这里的美或许就是完美的代言。

小时候总喜欢和伙伴在西湖边嬉戏，那时候的西湖在我心里是个让人快乐的游乐场。听

杭州西湖

多了老人口里所有关于西湖的美丽传说，后来当自己有了少女心事，站在西湖岸边，总会感觉心情异常宁静。绵绵的细雨被风吹散在浩淼的西湖上，画舫小舟里传来女子轻笑的声音。恍惚间，竟不知道自己是在几千年前的昨天还是在几千年后的今天。许仙会不会再碰到那渴望人间爱情的白娘子？那把绿绸布绣花雨伞会不会再成就一个永远的承诺？西湖深深的水会不会因为爱人的痴情而干枯？高高的雷峰塔会不会因为诚心的感动而倒塌？远远望去，曾经倒塌的雷峰塔现已修建完好，重新耸立在夕照山上，掩映在西湖的湖光山色中，而那神奇动人的古老传说依然在时间的长河里永远地流传着。

流连于西湖的妩媚和传奇中，我想到了苏小小。如今苏小小的墓前，已经找不到墓碑的样子，只有那慕才亭的花红柳绿和偶尔会不时打断人们沉沉思绪的鸟叫声。从那个刺史大人白衣白冠抚棺恸哭并在亭上刻下“湖山此地曾埋玉，风月其人可铸金”十四个字时起，苏小小这个女子，便在历代文人心底萦绕不去。“自古佳人难再得，从今比翼罢双飞。”无论是美丽还是哀伤的故事，如今连同无数的诗词歌赋，都沉淀在西湖如画的风景里，随时光升华。

走在杭州的街上，耳边到处都是柔柔糯糯的吴侬软语。我也曾去过很多陌生的城市，可每每再踏上这片芳香的土地，听到家乡这独特的吴侬软语，依然会沉醉其中。品味着这个生我养我的城市，她那积蕴千年的文化底蕴随处可见。历史和时尚那么融洽地展现在眼前。一座座古老的石桥，一间间灰砖青瓦的老房子，一幢幢高楼在这个城市和谐相处。到了夜晚，华灯齐放，酒吧传出的动感音乐和茶馆飘出的清醇茶香总会吸引我走进去探寻一番。

这个城市的丝绸闻名中外。精美细腻的丝绸，握在手上，如水般柔滑。阳光下的养蚕女，有着如花般的娇容和勤劳的双手。她们听着蚕宝宝躲在桑叶里如下雨般沙沙地啃着桑叶，怀

雷峰塔

杭州一景

着虔诚的心，祝福着一个个蚕宝宝赶快长大，赶快吐丝。丝丝缕缕的蚕丝就像少女心里点点滴滴说不清的情怀。养蚕女用灵巧的小手，在绸缎上织出美丽的图案，就那么简单的一个花样，一块桃红的绸缎，随意地着在窈窕少女的身上，仿佛又看到一个戴望舒笔下丁香般的女子，撑着油纸伞走在青石板的小巷中，有着淡淡的安静的美。

杭州也是时尚的。武林路的杭派女装、四季青服装市场、杭州丝绸城全国闻名，而那些世界顶级名牌也早已出现在一座座购物中心的精美柜台上。从一个个世界品牌专卖店逛到独有的丝绸市场，古老而现代的杭州会让爱美的女孩流连忘返。

购物累了，就想找个地方坐坐，吃点美食。杭州菜以它的“清爽别致”而出名，古时就有“天下酒宴之盛，未有如杭城也”的美誉。东坡肉肥而不腻，入口即化；叫花鸡香嫩可口，鲜嫩滑爽；西湖醋鱼鲜美可口，伴着特有的酸甜……都让人垂涎欲滴。找一家临湖的小馆靠窗坐下，看着翠绿的柳条垂入水中，欣赏那如画的风景，细细品尝美味，末了，再来上一杯西湖龙井，甘甜的清茶从口入喉，茶香便久久弥漫在口中不会散去。

意大利著名旅行家马可·波罗曾赞叹杭州这座历史文化名城是“世界上

最美丽的华贵之城”。可以说，杭州把她的美淋漓尽致地展现在黑头发黄皮肤的龙的传人面前，也以完美的姿态展现在世界的面前。

“上有天堂，下有苏杭。”杭州如不会疲倦、不会苍老的美人，总是甩着长长的水袖，散发着道不明写不尽的美丽和韵味。在来来回回的梦里，她总是那么清晰地缠绕着我，让我无论走到哪里都思念，都留恋。

本想解读杭州，写到最后，才知道杭州原是无法解读的。因为，这座城市原本就是一幅水墨丹青，一阕诗词小令。丹青写意，诗无定解，一切尽在传神，一切尽在言外。这是个意在言外的城市，一如迎面走来的那位少女梦幻迷离的眼神，眉间的风情婉转会让你不期然地中了毒，然后，只能深深地沉醉……

保俶塔

【胜迹】

游览建议路线

灵隐寺 · 西湖 · 飞来峰 · 孤山

杭州及周边名胜分布示意图

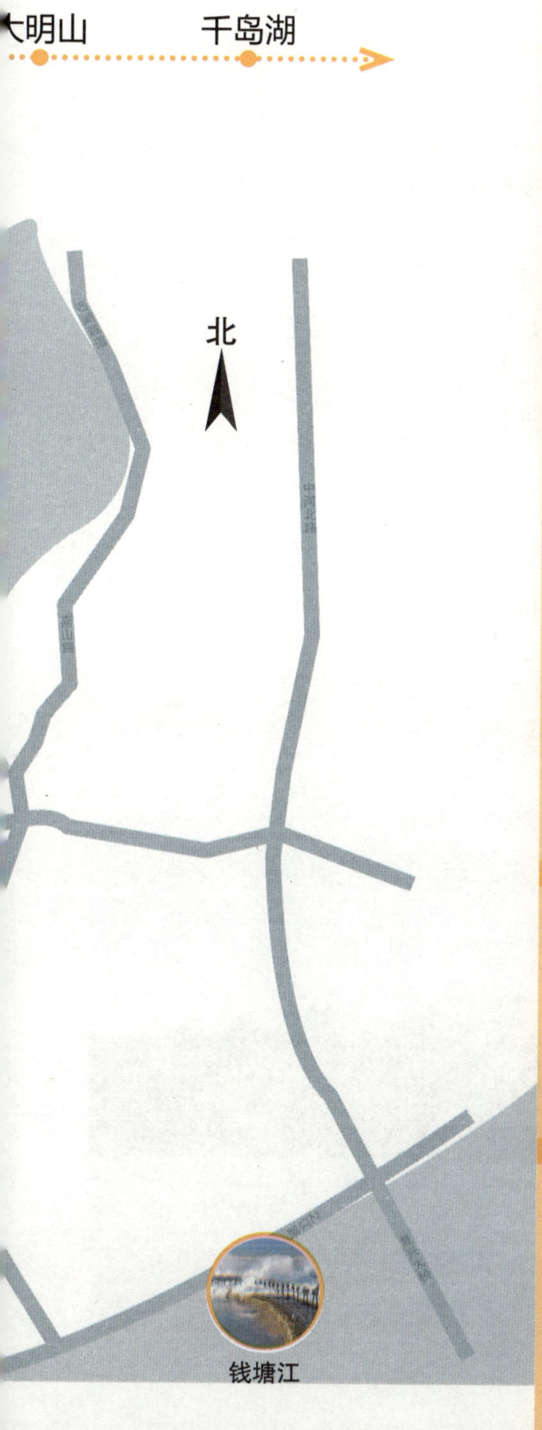

忆江南（其二）

【唐】白居易

江南忆，最忆是杭州；
山寺月中寻桂子，
郡亭枕上看潮头。
何日更重游！

白居易 像

钱塘湖春行

【唐】白居易

孤山寺北贾亭西，水面初平云脚低。
几处早莺争暖树，谁家新燕啄春泥。
乱花渐欲迷人眼，浅草才能没马蹄。
最爱湖东行不足，绿杨阴里白沙堤。

（人教版初中语文七年级上）

望海潮

【宋】柳　永

东南形胜，三吴都会，钱塘自古繁华。烟柳画桥，风帘翠幕，参差十万人家。云树绕堤沙，怒涛卷霜雪，天堑无涯。市列珠玑，户盈罗绮，竞豪奢。

重湖叠巘清嘉。有三秋桂子，十里荷花。羌管弄晴，菱歌泛夜，嬉嬉钓叟莲娃。千骑拥高牙，乘醉听箫鼓，吟赏烟霞。异日图将好景，归去凤池夸。

柳永 像

饮湖上初晴后雨（其二）

【宋】苏　轼

水光潋滟晴方好，山色空蒙雨亦奇。
欲把西湖比西子，淡妆浓抹总相宜。

晓出净慈寺送林子方

【宋】杨万里

毕竟西湖六月中，风光不与四时同。
接天莲叶无穷碧，映日荷花别样红。

杨万里 像

【名篇】

西湖漫笔（节选）

◎宗　璞

我要说的地方，是多少人说过写过的杭州。6月间，我第四次去到西子湖畔，距第一次来，已经有9年了。这几年间，我竟没有说过西湖一句好话。发议论说，论秀媚，西湖比不上长湖，天真自然，楚楚有致；论宏伟，比不上太湖，烟霞万顷，气象万千。好在到过的名湖不多，不然，不知还有多少谬论。

奇怪得很，这次却有着迥乎不同的印象。6月，并不是好时候，没有花，没有雪，没有春光，也没有秋意。那几天，有的是满湖烟雨，山光水色俱是一片迷蒙。西湖，仿佛在半醒半睡。空气中，弥漫着经了雨的栀子花的甜香。记起东坡诗句：“水光潋滟晴方好，山色空蒙

杭州西湖

杭州西湖

雨亦奇。”便想，东坡自是最了解西湖的人，实在应该仔细观赏领略才是。

正像每次一样，匆匆地来，又匆匆地去。几天中我领略了两个字，一个是“绿”，只凭这一点，已使我流连忘返。雨中去访灵隐，一下车，只觉得绿意扑面而来。道旁古木参天，苍翠欲滴，似乎飘着的雨丝儿也都是绿的。飞来峰上层层叠叠的树木，有的绿得发黑，深极了，浓极了；有的绿得发蓝，浅极了，亮极了。峰下蜿蜒的小径，布满青苔，直绿到了石头缝里。在冷泉亭上小坐，直觉得遍体生凉，心旷神怡。亭旁溪水琮净，说是溪水，其实表达不出那奔流的气势，平稳处也是碧澄澄的，流得急了，水花飞溅，如飞珠滚玉一般，在这一片绿色的影中显得分外好看。

西湖胜景很多，各处有不同的好处，即便一个绿色，也各有不同。黄龙洞绿得幽，屏风山绿得野，九曲十八涧绿得闲。不能一一去说。漫步苏堤，两边都是湖水，远水如烟，近水着了微雨，泛起一层银灰的颜色。走着走着，忽见路旁的树十分古怪，一棵棵树身虽然离得较远，却给人一种莽莽苍苍的感觉，似乎是从树梢一直绿到了地下。走近看时，原来是树身上布满了绿茸茸的青苔，那样鲜嫩，那样可爱，使得绿树成荫的苏堤，更加绿了几分。有的青苔，形状也有趣，如耕牛，如牧人，如树木，如云霞；有的整片看来，布局宛然，如同一幅青绿山水。这种绿苔，给我的印象是坚忍不拔，不知当初苏公对它们印象怎样。

在花港观鱼，看到了又一种绿。那是满池的新荷，圆圆的绿叶，或亭亭立于水上，或宛转靠在水面，只觉得一种蓬勃的生机跳跃满池。绿色，本来是生命的颜色。我最爱看初春的杨柳嫩枝，那样鲜，那样亮，杨柳儿一摆，似乎蹬着脚告诉你，春天来了。荷叶，则要持重一些，初夏，则更成熟一些，但那透过活泼的绿色表现出来的茁壮的生命力，是一样的。再加上叶面上的水珠儿滴溜溜滚着，简直好像满池荷叶都快要裙袂飞扬，翩然起舞了。

从花港乘船而回，雨已停了。远山青中带紫，如同凝住了一段云霞。波平如镜，船儿在水面上滑行，只有桨声欸乃，愈增加了一湖幽静。一会儿摇船的姑娘歇了桨，喝了杯茶，靠在船舷，只见她向水中一摸，顺手便带上一条欢蹦乱跳的大鲤鱼。她自己只微笑着，一声不出，把鱼甩在船板上，同船的朋友看得入迷，连连说，这怎么可能？上岸时，又回头看那在浓重暮色中变得无边无际的白茫茫的湖水，惊叹道："真是个神奇的湖！"

宗璞（1928—　）

当代女作家，原名冯钟璞，祖籍河南唐河，生在北京。乃著名哲学家冯友兰先生之女，幼承家学，就读于清华大学附属成志小学。抗战爆发，随父赴昆明，就读西南联大附属中学，1945 年回北京，1946 年入南开大学外文系，1948 年转入清华大学外文系，曾就职于中国文联、中国社会科学院外国文学研究所。

【今作】

走进“天堂”

◎ 谢英杰

杭州，又名“钱塘”，北宋著名婉约派词人柳永曾盛赞“钱塘自古繁华”。这是一座流传着让人扼腕的爱情传说的美丽城市，也是一片众多英雄演绎了回肠荡气的悲壮故事的土地。“上有天堂，下有苏杭”足以说明杭州在人们心中的地位。

说起杭州，就不能不提到西湖；说到西湖，就不能不提到断桥和雷峰塔以及苏堤和白堤。杭州的美丽，很大程度是因为有了西湖。苏轼在杭州时写过一首《饮湖上初晴后雨》，盛赞西湖的美景，诗中写道：“水光潋滟晴方好，山色空蒙雨亦奇。欲把西湖比西子，淡妆浓抹总相宜。”南宋的杨万里在他的诗《晓出净慈寺送林子方》里这样写道：“毕竟西湖六月中，

西湖白堤

杭州西湖的荷叶

风光不与四时同。接天莲叶无穷碧，映日荷花别样红。”白居易更是写下了“江南忆，最忆是杭州”“未能抛得杭州去，一半勾留是此湖”的诗句。

美丽的风景往往和动人的传说联系在一起。白娘子和许仙的爱情故事就由西湖开始。这故事经过文人的加工、演绎，又通过多种地方戏曲的演出传遍大江南北。这个爱情悲剧曾赚取了多少代人的眼泪，我们无从知晓，但它确实感动了无数的人。其实，它的可悲之处不是法海迫使白娘子和许仙分离，而是白娘子被法海压在雷峰塔下后，许仙不去营救白娘子，而是到处化缘，将雷峰塔加固、加牢、加高。天底下还有多少比被自己心爱的人暗地背叛更可悲的事呢？当然，这只是一孔之见。

美丽的城市往往和历史名人联系在一起。杭州，这座美丽的文化名城，不仅接纳过白居易、苏轼这样杰出的文学家，还孕育了沈括这样伟大的科学家。杭州养育了他们，他们也滋润了杭州。

白居易，唐朝著名诗人，曾任杭州刺史一职。在杭州任职时，他主持修建了全长一公里的连接孤山和杭州的长堤，也就是现在我们所说的白堤。其实这个说法是人们的讹传，真正的白堤位于杭州武林门附近，现在早已不存。但西湖中的“白堤”，却成了著名的“西湖十景”之一。

和杭州这座名城有着“剪不断，理还乱”的关系的另一位名人是苏轼。

苏轼，北宋诗人、文学家，唐宋八大家之一。他是以欧阳修为代表的保守派成员，在王安石推行新政时，被贬为杭州刺史。在此期间，他疏浚西湖，把挖出的湖泥堆积起来，筑成一条长堤，也就是苏堤。“苏堤春晓”如今已成为“西湖十景”之首。苏东坡对杭州怀有深厚的感情，甚至写诗自称是杭州人——“居杭积五岁，自忆本杭人”。

我们徜徉在历史长河中，打开尘封已久的记忆，会发现，杭州竟然是一座拥有 2200 多年悠悠岁月的历史名城。传说在远古时期，这里曾是一片汪洋大海边上的海滩，过往的船只经常在此停留，补充一些食物和水，船在古代称作“航”，这里就叫做“航州”，时间长了就演变为“杭州”了。

这座美丽而繁华的城市，在 2000 多年的历史长河中，曾两次成为帝王都城。

第一次是在五代十国。唐朝末年，天下大乱，当时统治着现在的浙江、福建一带的一个国家叫吴越国，吴越国最后一个皇帝钱弘俶即位不久，赵匡胤建立了北宋，在消灭全国各地的十个小国家后，赵匡胤召钱弘俶进汴京赴宴。钱弘俶知道天下大势已定，就参加“献土”仪式，向宋朝称臣，终于死里逃生，平安回到杭州，被封为“钱王”。

第二次是在北宋末年。宋徽宗昏庸无能，不善治国，把皇位传给儿子宋

杭州西湖公园一角

杭州西湖

钦宗。随着北方金国的日益强大，金兵很快渡过黄河占领汴京，把徽、钦二帝俘虏到北方的五国城，这就是历史上的“靖康之耻”。康王赵构率领一批文武百官南逃避难，逃到临安府时，被这里美丽的景色迷住，于是建都于此。诗人林升以一首“山外青山楼外楼，西湖歌舞几时休？暖风熏得游人醉，直把杭州作汴州”，形象地勾画了南宋小朝廷苟且偷生、及时行乐的丑态。果然，金兵很快打过长江，占领了建康。

然千古江山“风流总被雨打风吹去”“数风流人物，还看今朝”。今天的杭州依然以其美丽的风景和不朽的魅力吸引着世界各地的人们，西湖也成为了最有中国古典神韵的浪漫之地。

沈氏园中错错错

绍兴

【图说】

绍兴位于浙江，古称越，是著名的历史文化名城，也是有名的水乡、酒乡和桥乡。

绍兴历史悠久，名人辈出，景色秀丽，物产丰富，有“文物之邦”“鱼米之乡”的美誉。相传4000多年前的夏朝，大禹为治水曾两次躬临绍兴，治平了水患，故至今尚存禹陵胜迹。另外，古代越王“卧薪尝胆”的故事更是家喻户晓。

绍兴著名的历史文化古迹包括兰亭、禹陵、鲁迅故里（包括鲁迅故居、三味书屋、咸亨酒店、百草园等）、东湖、沈园、柯岩、新昌大佛寺等。

【走读】

侠骨柔肠总惹愁

◎ 周晓辉

古越绍兴在我心中就像一个剑客，阳刚之气与阴柔之美互为交融。绍兴很多古迹，舜王庙、大禹陵、周恩来故居、蔡元培故居，大气、刚烈得让我神往；王羲之的兰亭，徐文长的青藤书屋，鲁迅的百草园，温情、壮美更让我倾心。但我尤为喜欢沈园，因为它是陆游的故居，而陆游正是一位侠骨柔肠的诗人。

车过临安，我就想起了陆游的《临安夜雨初霁》，我想他是因为“近乡情更怯”才会“小楼一夜听春雨”。这时候的他已经饱经沧桑，经历了仕途的坎坷，心境已然黯淡，故乡里只有沈园对他有意义。

可惜，陆游不是范蠡，也不能像他一样，出三江入五湖，变作富甲一方的陶朱公依然

沈园

沈园一角

能飘然天地。陆游活得认真，无论是对国家，还是对爱情，他都执着得刻骨铭心。所以，当后人评价陆游是小太白时，我总觉得跟我心中的陆游不同。陆游的诗风格豪放，气魄雄浑，确实接近李白，但我总觉得他应该是沉郁顿挫的杜甫，因为他有胸怀天下、心济万民的伟大气魄，也有思乡念亲的纯真深挚。车子缓行进入绍兴——陆游终老的地方，我的脑海中一直在重复陆游的《诉衷情》：

当年万里觅封侯，匹马戍梁州。
关河梦断何处？尘暗旧貂裘。
胡未灭，鬓先秋，泪空流。
此生谁料，心在天山，身老沧洲。

这首词是作者晚年隐居山阴（今绍兴）以后写的，词中回顾了自己当年在梁州参军，企图为恢复中原、报效祖国建功立业的往事，想到自己壮志未酬，却已年老体衰，表达了他晚年悲愤不已、念念不忘国事的愁苦心情。我想，对于怀有雄才大略和远大抱负的陆游来说，仕途坎坷在南宋王朝是必然的了，这并不是他个人的悲剧，是时代使然。

陆游应该像他年轻时候那样“老惯人间齐得丧”（《青玉案》），像范蠡那样能够“五湖归棹，替却凌烟像”（《青玉案》）。可是他即使喝着“小槽红酒”，也无法“闲适”，隐藏在他内心深处的依旧是壮志未酬，雄心不泯！

当我也像陆游当年一样拿着一杯绍兴黄酒进入沈园时，眼前之景着实让我伤感。沈园和我想象中的大相径庭。虽然有垂柳轻拂的碧水，但满池浮萍已不再清澈；虽然有绿荫婆娑的竹林，但已了无生机，不再挺秀；虽然有精巧的凉亭阁楼，但已风侵雨蚀，满面尘埃。“桃花落、闲池阁”，在晚秋艳阳的映照下，倍显凄凉忧伤。置身其中，我细细体味着陆放翁婉丽飘逸、感情深沉的词作，不觉感慨万分。

红酥手，黄縢酒，满城春色宫墙柳。东风恶，欢情薄。一怀愁绪，几年离索。错、错、错。

春如旧，人空瘦，泪痕红浥鲛绡透。桃花落，闲池阁。山盟虽在，锦书难托。莫、莫、莫！

恍惚中似乎看到，面容憔悴、肝肠寸断的年轻诗人陆游与一袭碧色绣襦、长裙曳地的唐婉执手相望、深情语噎。这场爱情悲剧也是时代使然，因为他无法违背母命，因为他无法抵抗世俗。即使他步履蹒跚，饱经沧桑，但是在沈园，这曾经爱情甜蜜与失落的圣地，诗人仍无法停止思念，停止痛悔。“城上斜阳画角哀，沈园非复旧亭台。伤心桥下春波绿，曾是惊鸿照影来。”（《沈园》）一个“斜”字既是自然晚景的写照，也是人生老境的暗示，几多凄清，几多沉郁，使人不禁悲从中来：“林亭感旧空回首，泉路凭谁说断肠。”树依依，亭翼翼，桥

白堤的夕阳

隐隐，水徐徐，还有当年醉题的破壁，梦断的梅枝……往事历历，无一不是陆游对唐婉那40年的思念眷恋！

乌篷船穿梭在纵横的河道上，忽然传来温婉柔媚的曲调，我想起了这应该是最出名的越剧《梁山伯与祝英台》，虽然我不懂越剧，但仍能从那柔肠百结的曲调中体会到那是古越会稽所特有的经典爱情，无论是范蠡的、陆游的，还是梁山伯的，他们的温情和神韵只有这种戏剧才能表现。而绍兴的另一种戏剧——激越硬朗的绍剧，响遏行云，撼人心魄，那正是他们壮志凌云、忠贞报国的高声呐喊。

随疾驰的汽车远离那一片热土时，我知道，我的心将永远停歇在“黛瓦粉墙，深巷曲水，枕河人家，柔橹一声，扁舟咿呀”的江南风情里，我愿意古越的这种灵气与豪情长存于我的生命中。

游览建议路线

柯岩 沈园 东湖 安昌

绍兴及周边名胜分布示意图

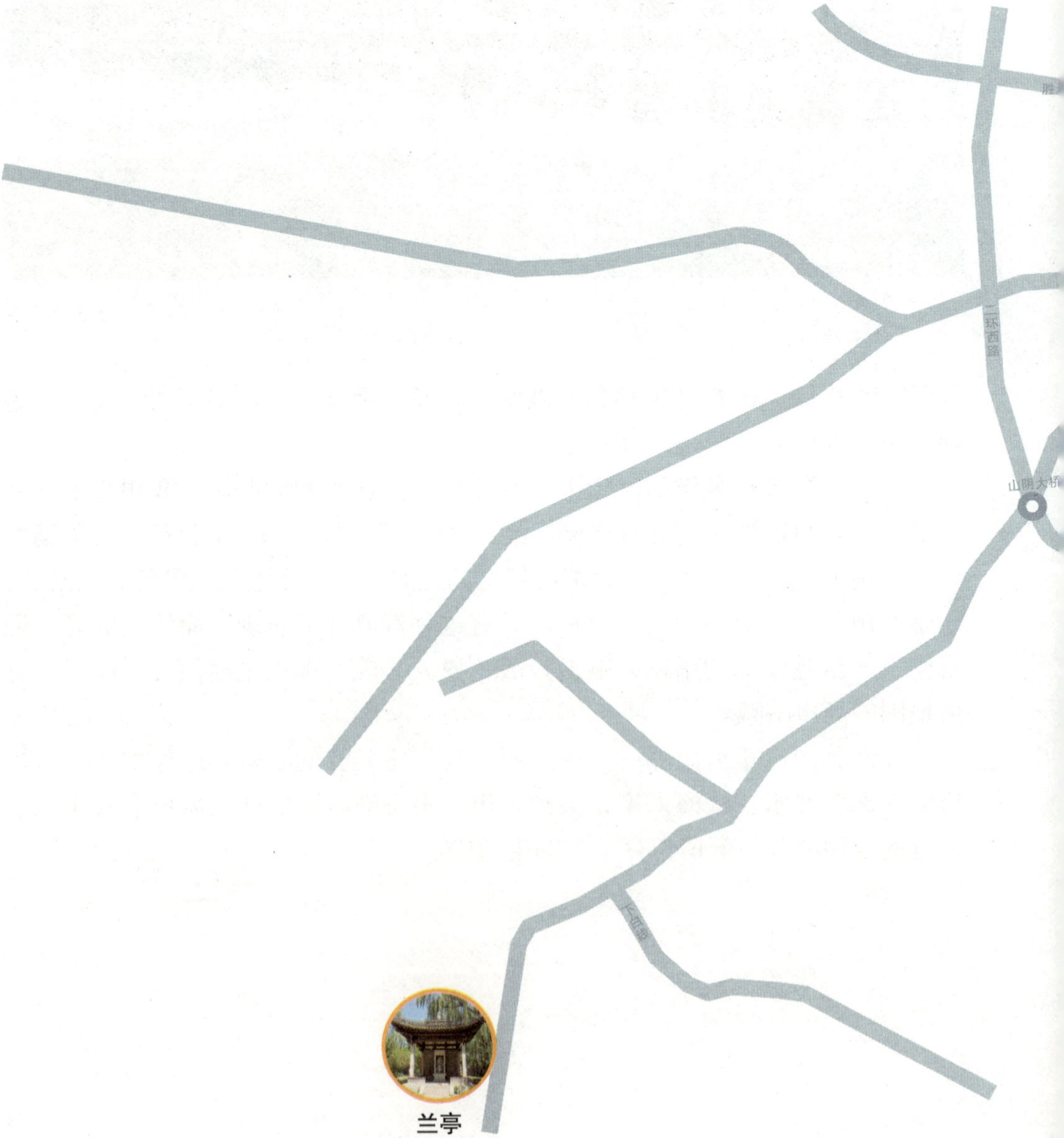

鲁迅故里

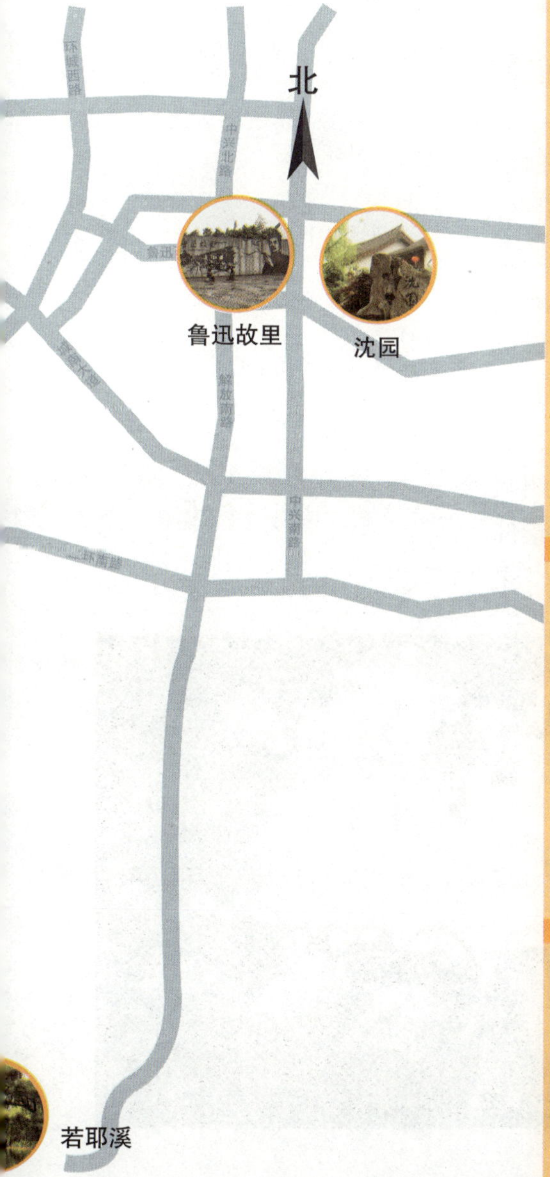

兰亭集序

【东晋】王羲之

王羲之 像

永和九年，岁在癸丑，暮春之初，会于会稽山阴之兰亭，修禊事也。群贤毕至，少长咸集。此地有崇山峻岭，茂林修竹，又有清流激湍，映带左右。引以为流觞曲水，列坐其次，虽无丝竹管弦之盛，一觞一咏，亦足以畅叙幽情。是日也，天朗气清，惠风和畅。仰观宇宙之大，俯察品类之盛，所以游目骋怀，足以极视听之娱，信可乐也。

夫人之相与，俯仰一世，或取诸怀抱，悟言一室之内；或因寄所托，放浪形骸之外。虽趣舍万殊，静躁不同，当其欣于所遇，暂得于己，快然自足，不知老之将至；及其所之既倦，情随事迁，感慨系之矣。向之所欣，俯仰之间，已为陈迹，犹不能不以之兴怀；况修短随化，终期于尽。古人云："死生亦大矣。"岂不痛哉！

每览昔人兴感之由，若合一契，未尝不临文嗟悼，不能喻之于怀。固知一死生为虚诞，齐彭殇为妄作。后之视今，亦犹今之视昔，悲夫！故列叙时人，录其所述。虽世殊事异，所以兴怀，其致一也。后之览者，亦将有感于斯文。

（人教版高中语文第二册）

越中览古

【唐】李 白

李白 像

越王勾践破吴归，
义士还乡尽锦衣。
宫女如花满春殿，
只今惟有鹧鸪飞。

入若耶溪

【南朝·梁】王 籍

王籍 像

艅艎何泛泛，空水共悠悠。
阴霞生远岫，阳景逐回流。
蝉噪林逾静，鸟鸣山更幽。
此地动归念，长年悲倦游。

【名篇】

水上的绍兴

◎ 叶文玲

“粉墙黛瓦，曲水深巷”——清清爽爽八个字，勾勒了一幅线条简洁的木刻版画。

“白玉长堤路，乌篷小画船”——两行短诗，吟出一派文人们最惬意的景象。

八个字也好，两行诗也好，虽没有直白地写出是哪处地方，人却都说是绍兴。说到绍兴，用不着精描细绘，只黑白两色便能刻出它的姿颜，只一个水字便能曲尽它的神容；写画绍兴，任你横横竖竖，不可或缺的也是那道源远流长的水。水，是绍兴的精髓，绍兴的命根。

绍兴和水难解难分，追史迹，听传说，莫过于“大禹治水”。“大禹治水”将水对于绍兴的利与弊，尽道其中矣！这是说过去。在崇仰现代文明的当今，一个地方，若被指认为“东

乌篷小画船

方的……”往往也最能成为评价的一种时尚。因此，在很多时候，最教绍兴和绍兴人中听受用的，还是这句话：“绍兴是东方威尼斯！”

水上绍兴

人人都知道威尼斯是世界闻名的水城，将绍兴比作“威尼斯”，言明了水与绍兴是那样笃笃相关。因此，这比喻对于绍兴，是无与伦比的评价，也是最直截了当的夸奖。

在没有游历过威尼斯前，对古迹遍布的意大利自然兴趣盎然，而意大利最富诗意也最富吸引力的，当然要数威尼斯这个“水城”。于是，每每听到这一比喻，爱屋及乌，我对绍兴，更对威尼斯景仰得不得了：一个建在水上的城市，那是何等有趣！

游历过威尼斯后，当然有了更鲜活的印象，对照绍兴，越发感慨万端。我虽不是绍兴人，但是，这些年来，拿浙东土话讲：“来来去去，鞋后跟都磨落在绍兴了！”因此，我觉得不管绍兴是否真的很像这世界名都威尼斯，只觉得作为一个中小城市，能得到这样的美誉，的确是很能教“伢绍兴人”生出“不枉平生”之感的。

毋庸我细细描述威尼斯，因为，如今出国旅游已然成为国人生活中的寻常事；在足不出户便能“看遍天下”的时代，影视界也早将威尼斯迷人的风光，制作成各种节目晓喻天下。因此，一到威尼斯，那片浪漫的汪洋便和原先的想象一起在我心中潋滟激荡，而一旦亲见那一艘艘船头尖尖船尾翘翘的“贡多拉”载着狂喜的旅客们，在座座高楼深巷下的水道中往返穿梭，那穿着16世纪服装的水手们是那样潇洒地划着木桨，在一浪高一浪的欢声笑语中悠悠地来去时，我只觉得一颗心完全溶入欢乐之海。此时，即便你只是个威尼斯的匆匆过客，即便你在整个游程中只是稍稍“蘸”了威尼斯的那么一点点水，我敢说，从今以后但凡梦到威尼斯，你所做到的，准是一个湿淋淋的梦！

话说回来，我虽不敢说自己非常熟悉绍兴，但我知道，绍兴在古往今来

水乡街景

的许多年月里，也教绍兴人和许多来过绍兴的人，做过同样湿淋淋的香梦。

我更知道的是：绍兴为永远保持这个“水城”的形象，为教人们香梦永久，经历了非同寻常的努力。

作为水乡人，水一向是我永远难解的一个情结。而我们这些生在水乡的人，常常更会身在福中不知福。可在内地许多缺水之地的“旱鸭子”眼里，岸柳青青、长堤卧虹的绍兴，处处都非淡山闲水寻常姿色，在历代文人墨客笔下，这天光云影相映、古镇古桥绵亘的绍兴，真是教人一落笔就有山岚水气，一泼墨就会顿生满纸云烟啊！

绍兴的以往，和太多的河和丰盈的水是那样相亲相连，可是，在过去的许多时日里，困扰了绍兴城的，不，应该说苦恼了绍兴人的，也是这一城叫人发愁又无奈的水！

曾有许多年月，外乡人到绍兴来，看来看去，不见那诗意无限的版画木刻，满城转悠，找不到清亮亮的鉴湖，那一条条河水都渐渐污黑，那小小乌篷船也一度统统变成噪声震耳、外形难看的水泥船。我记忆最深切的是70年代末到80年代初，我来去路经绍兴时，眼帘中虽还掠过几座粉墙黛瓦，可在这越来越低矮的黛瓦粉墙中，总看到那条冒着油光散着恶臭的河水，就如早年绍兴人头戴的那顶乌毡帽——灰瘪而漆黑！

工业增长！农业发展！在捷报频传时最可怕的杂音便是环境污染！发展是硬道理，但是，当一个城市的发展要以环境污染作代价时，一个问题就严峻地摆在了眼前，与水有滋有味地相亲了一个又一个世纪的绍兴人，当然不能教这情景长此以往延续下去！

我这篇小文，无法细细记叙绍兴人既为发展也为和环境污染斗争所作的种种努力。我只想说：当年历翻到21世纪的今天时，“伢绍兴人”在几经周折后，终于又重现了这个比喻——她还给了绍兴人和来绍兴游历的人一城清

亮亮的水！

有滋有味地重温这个比喻，有滋有味地重见那汪清亮亮的水，都是在夜里头。

是夜，当我披着一袭云烟似的小雨，下了环城河边码头的石台阶时，便见一艘艘远比乌篷船神气得多的游艇鱼贯而来。于是，在灯影中望见这烟雾迷离的环城河道的气势时，我不由得深深地吸了一口气！

这一口气，竟然沾雨带露，如此清凉！

令我分外惊喜的是，这口清凉气中，果然又有了欢鱼活水的精灵之气，有了樟柳相接草木交替的沁脾之香！

却原来，这几十里之长的环城河边，夜花如燃，草地如毡，茂茂密密的大树三步一岗；亭台楼阁旁，那盏盏高悬的红灯笼，更与酒挑子一起招摇出绍兴老酒的芬芳。

灯影中下了船，虽然觉得游艇比之小小乌篷船，似乎少了点古意，但是，如若“换乘”，更会教人着急——不管怎么说，紧接着是绕城而行的儿十里水路呀，这一颗急欲探源寻踪的心，可怎生耐得？灯影中，游艇波起浪伏地前进，只见这既是蓬勃发展的浙江要地，又保留了古老风貌的历史古城，那古今交融的双重景致，在烟雨迷离中越发妩媚；而放置在曲曲弯弯河畔的一处又一处的桥堍、再现古战场风貌的“水寨”“城门”，也都在夜色掩映中倍添神秘。

灯影中，逶逶行过一程又一程，蜿蜒三十里的绿荫水路，只教人觉得不仅“乌篷船”只能作为仅供观看的“历史道具”，而原先那句“白玉长堤”，再也不足形容现在的动人光景！灯影中，忽儿是河，忽儿是岸，曲曲弯弯的河岸上，自然皆是一派幽幽的绿；灯影中，忽儿是黛瓦粉墙的城，忽儿是粉墙黛瓦的屋；在轻轻的乐声和水声中，城中的屋，屋中的人，俱在影影绰绰的朦胧诗意里……

灯影中，哦，如若一一说来，太漫长也太琐屑，一句话——夜游的感觉鲜明不过地告诉世人：一个融合着历史和当今文明的新城绍兴，正以焕发的

拱桥

光彩，展示了一个鲜亮亮的现实——他们已经还给了世界一个更美更靓的“水上的城”！

那么，绍兴如今真的又像威尼斯？是非常像还是有点像？灯影中，这个问题也已在游程中被我抛在脑后。

于是，沐着一身夜露回来醉了似的我，只剩下一点对自己的不满：为什么就不会写诗呢？像今晚这夜游绍兴，如果能将诗行和着心中的桨声，高高低低地落在这绵绵长长的环城河中，那该有多酷！

叶文玲（1942—　）

当代小说家，生于1942年11月4日，浙江台州玉环楚门镇人。她自幼酷爱文学，13岁读初中时在县办的《玉环报》上发表《夫妻间的小风波》和《七角钱》两篇小说。如今已有39本作品集及一部8卷本《叶文玲集》出版。

【今作】

名作原来是仿作

——臆说《兰亭集序》的传世原因

◎ 江南岸

艺术上的模仿之作一定就不如原创之作吗？有时答案竟是否定的。

《兰亭集序》作为一件书法作品，被称为“天下第一行书”，在书法史上的地位似乎至高无上；同时它作为一件文学作品，被选入各种文学选本和当今大中学校的文学教材，国人中能对其出口成诵者不在少数，因此说它是文学史上的名篇似乎并不为过。就是这样一篇文章，说它是一篇模仿之作，恐怕许多人都会不信，甚至会吃惊、愤怒。然而这却是事实。

请看下面一篇文章：

金谷诗序

石 崇

余以元康六年，从太仆卿出为使持节监青、徐诸军事、征虏将军。有别庐在河南县界金谷涧中，去城十里，或高或下，有清泉茂林，众果竹柏、药草之属。金田十顷，羊二百口，鸡

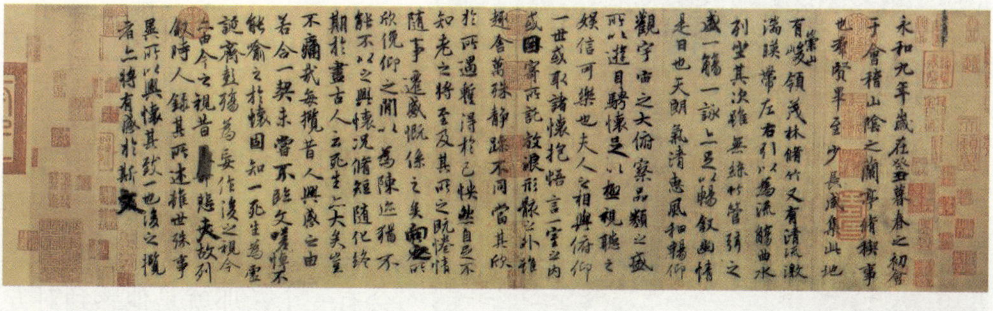

《兰亭集序》唐人摹本

猪鹅鸭之类，莫不毕备。又有水碓、鱼池、土窟，其为娱目欢心之物备矣。时征西大将军祭酒王诩当还长安，余与众贤共送往涧中。昼夜游宴，屡迁其坐。或登高临下，或列坐水滨。时琴、瑟、笙、筑，合载车中，道路并作，及住，令与鼓吹递奏。遂各赋诗以叙中怀。或不能者，罚酒三斗。感性命之不永，惧凋落之无期，故具列时人官号、姓名、年纪，又写诗著后。后之好事者，其览之哉！凡三十人，吴王师、议郎关中侯、始平武公苏绍，字世嗣，年五十，为首。

明眼人稍读上文，不难发现这篇《金谷诗序》与《兰亭集序》相比，不，应该说《兰亭集序》与《金谷诗序》相比，二者在文体、题材、谋篇、表达等方面有着明显的相似。《金谷诗序》作于晋惠帝永安元年，即公元303年；《兰亭集序》作于晋穆帝永和九年，即公元353年。后者比前者的产生晚了整整50年。仅此就足可以证明，两文之间若存在模仿，绝无前者模仿后者的可能。

那么是不是二位作者“英雄所见略同”，即王羲之的创作与石崇的创作发生了“撞车”呢？《世说新语·企羡》中有这样一段话，读后可知答案也是否定的：

王右军得人以《兰亭集序》方（通“仿”，编者注）《金谷诗序》，又以己敌石崇，甚有欣色。

原来早就有人指出了《兰亭集序》模仿《金谷诗序》的事实，而且王羲之自己也早就承认了。只是他这一并不算光彩的行为被人指出时，为什么他会“甚有欣色”呢？原因只会有一个，那就是他感到对方

古画上的曲水流觞

和对方的作品影响都远远高于自己和自己的作品，能被人相提并论（即使是如此方式的相提并论），是一种荣幸和光荣。

事实上也的确如此。即使是在《兰亭集序》产生之后的很长一个阶段，《金谷诗序》的影响的确远远在《兰亭集序》之上。有力的证据是：《昭明文选》中就曾收有《金谷诗序》，而未收《兰亭集序》。那么《金谷诗序》这么一篇“名作”，怎么后来就渐渐地湮没在历史的风尘中而几乎被人们遗忘了呢？

有人认为，这主要是因为《兰亭集序》文章沾了书法的光。这不能不说是一个重要原因，但在我看来更重要的原因恐怕并不在《兰亭集序》和王羲之身上，倒在《金谷诗序》和石崇身上。

石崇，何许人也？就是那个与王恺斗富的家伙。据史书记载，其一生“任侠无行检”“情乖寡悔”“百道营生，积财如山”“骄侈当世”，历史上可谓赫赫有名，只可惜是臭名，岂可与王羲之相提并论——而中国人对艺术的评价总是要“知人论世”的！

《金谷诗序》所记事件自然是“金谷之会”。那是一个怎样的“会”？“昼夜游宴，屡迁其坐。或登高临下，或列坐水滨。时琴、瑟、笙、筑，合载车中，道路并作；及住，令与鼓吹递奏。”以石崇一惯的作派，那情形可想而知——只能用醉生梦死之类的词语来形容。《兰亭集序》所记事件则是“兰亭之会”，中心事件是“修禊”，还有“流觞曲水”“一觞一咏”。再看与会人员：参加“金谷之会”的个个都是高官，都是炙手可热的人物，他们现时都权倾一方，的确可以提高“会议”级别，扩大“会议”的影响（“金谷之会”在当时的巨大影响就是这样产生的），但历史并不买账；而“兰亭之会”的参加者，都是一些胸怀旷逸的江南名士，他们的聚会虽少了那种骄人的富贵气，只是民间集会，但充满了文化气息。他们“游目骋怀”“放浪形骸”的志趣，哪是“娱目欢欣”所能比拟的？

因此，从永和九年暮春三月的山阴吹来的那阵惠风，就不能不在中国历史上越来越强劲，也在中国人的心头越来越强劲。同时，它也把那些“金谷

兰亭

之会”“金谷之诗”和《金谷诗序》之类，轻轻地掩埋在了自己掀起的风尘之中，以至于今天我们要了解它们，就不得不拂开厚厚的灰尘。

这不能不给我们以启示：

一是艺术的“优”与“劣”，有时是会发生转换的；

二是真正的“优”“劣”，并不仅仅在于它是“原创”还是“模仿”，因为无论是前者还是后者，都只是在艺术本身的圈子内打转转而已，艺术优劣、高下的秘密，说到底还是要归到一句老话上的，即“功夫在诗外”。

【链接】

兰亭位于绍兴市西南 14 千米处的兰渚山下，是东晋著名书法家王羲之的寄居之处，这一带有“崇山峻岭，茂林修竹，又有清流激湍，映带左右”，是山阴路上的风景佳丽之处。相传春秋时越王勾践曾在此植兰，汉时设驿亭，故名兰亭。

二十四桥明月夜

扬州

【图说】

“淮左名都，竹西佳处。”2500年前吴王夫差开邗沟，筑邗城，扬州这座千古名邑便注定要成为长江中下游平原的一颗明珠。至盛唐，扬州已成为“富甲天下”的经济中心，有着“扬一益（成都）二”的美誉。

李白、杜甫在这里流连忘返，杜牧“十年一觉扬州梦”，欧阳修“文章太守”的美名从这里传扬天下，王士祯等文士在虹桥修禊的遗风流传至今，郑板桥等“扬州八怪”开创的画风给陈腐的中国画坛吹来清新的气息。悠悠千古，兴衰更迭，历代文人墨客在这里创造了灿烂的文化，留下了大量的文物古迹。瘦西湖、个园、何园、大明寺、梅花岭，更是吸引着四面八方的游客，来追寻那“天下三分明月夜，二分无赖是扬州”的娴静和幽远。

【走读】

明月的城市

◎陈　军

如果说每一座城市都有属于自己的标志，那么，扬州的标志该是一轮明月。在2500年的历史记忆中，她始终被一轮明月静静地映照着，或清辉流转，或冷光荡波，在册页枯黄的史书里，在声清韵娇的唐诗宋词中，映得字字珠玑。扬州实在是一座明月的城市。

唐代诗人徐凝说："天下三分明月夜，二分无赖是扬州。"可见扬州明月之盛。有人以为"无赖"二字为"可爱"之意，是对扬州明月爱之极矣的昵称，但我宁愿相信那就是"无奈"二字。那是一种爱到无可奈何、欲呼无名以至萦怀难去、肠回九曲的思绪，它令扬州人得意异乡人失意。唉，那是怎样一番倾城的月光，竟占得天下三分之二的清光？今天的我们已经无法想象，却可以从唐代另一位扬州籍诗

五亭桥

人张若虚的《春江花月夜》中窥得一斑。

明月在浩淼无尽的江天交接处悄然生光，莹辉流转着，令整个江面波光潋滟，白天的喧闹一下子被清光敛尽。慢慢地，它从江面移升到中天，清光四射，映得江天无尘、花林似霰，从蜀冈的花林到瘦西湖的垂柳，从游子的扁舟到闺人的妆台。夜归的渔人，一桨击破了如盘的明月，碎成了千片万片，粼粼在邗沟的清波上，惊起清啼的栖鸟，倏忽间从茫茫的芦丛中飞起……

这是怎样一幅空灵迷蒙、恬静阔大的春江花月图啊！月光月色月姿月影月情月意惝恍迷离、恣意交织，直教人心醉神迷。然而天恩普施，明月的清辉并不会偏宠于某一地，扬州也不例外。那掩映在绿杨中的小小城郭，当真能盛得天下二分的月色？

年轻的杜牧在扬州度过了四年后，对扬州，特别是扬州的明月，一直不能忘怀，以至他的许多诗歌都记述了对扬州明月之夜的美好回忆：

青山隐隐水迢迢，
秋尽江南草未凋。
二十四桥明月夜，
玉人何处教吹箫？

这首诗叫《寄扬州韩绰判官》。韩绰是谁？难以考据且也并不重要，我们可以根据杜牧的生平推测这位韩判官大概是杜牧当年在扬州的同僚。诗的首二句直述江南秋景，似乎直白无味，但这首诗是杜牧离开扬州仕居北方时所写。江南的秋景在平常的江南人看来没有什么值得大书特书的地方，但对于一个念念不忘江南、旅居北方的人来说，北方深秋的万木凋零、萧条冷落自然会唤起他对南方的美好回忆——南方的秋天不同，就算是秋尽冬来，依然是青山隐隐、绿水迢迢。季节物候的不同当然是一个由头，令他难忘的绝不止江南的山与水。诗的后两句，杜牧以调侃的口吻问候故人的近况。“二十四桥明月夜，玉人何处教吹箫”这句话可以解读为“你现在还好吗？是否过着与过去同样的生活”这样的问候。而以戏谑口吻作这样的问候，透露出杜牧对扬州生活十分熟悉的信息，不仅重温了与朋友深厚的友情，更是对自己往日扬州生活依依不舍的怀念与回味。

自然的山水风物再好，都不足以让人流连忘返，真正让杜牧难以忘怀的该是扬州人富足悠闲的生活，而这种生活当以发达的经济与丰厚的物质为基础。南宋洪迈的《容斋随笔》中有这样的记载：“唐世盐铁转运使在扬州，尽

文昌阁

斡利权，判官多至数十人，商贾如织。故谚称‘扬一益二’。谓天下之盛，扬为一而蜀次之也。”这样发达的经济促进了唐代扬州夜生活的繁荣。唐人小说《玄怪录》中也有这样的记载：“开元十八年正月望夕，帝谓叶仙师曰：‘四方之盛，陈于此夕。师知何处极丽？’对曰：‘灯烛华丽，百戏陈设，士女争妍，粉黛相染，天下无逾于广陵矣。’”

看，唐代的扬州夜里多么热闹！如果说唐人的野史不足为信，那么诗人王建的《夜看扬州》则更可以证明：

夜市千灯照碧云，高楼红袖客纷纷。
如今不似时平日，犹自笙歌彻晓闻。

多少华丽的灯烛竟然照彻了天上的云，想必也暗淡了天上的月光吧？所以，我总怀疑，徐凝、杜牧等人恐怕是把灯光错当了月色，才产生了二分明月在扬州的美丽错觉。自然的月光本来也映不出那样的辉煌，在杜牧的扬州梦中不能忘怀的又何止是明月啊！

“如今不似时平日，犹自笙歌彻晓闻”的意旨与“商女不知亡国恨，隔江犹唱后庭花”何其相似！只是一为忧今，一为吊古。人们往往是这样，能够看得见、判得明过去的是非对错，却永远看不清自身的危机。虽然安禄山的尖刀利刃刚刚划过，这个国度的伤痕还没愈合，但那高楼上鲜衣怒马、觥筹交错的纷纷酒客，何曾顾及过“如今不是时平日”呢？而世情往往是这样——“逸豫可以亡身”。一个人耽于逸豫，则会堕落；一个朝代耽于逸豫，则会衰亡。

宋朝是一个典型的例子。宋朝的徽宗、钦宗耽于声色犬马，结果将江山断送，继承者高宗于是远远地躲在南方，偏安一隅。昔日繁华的扬州竟成了对敌的前线，在南宋苟延残喘的几十年里，它不断遭受金人的侵袭，直至迅速衰落。公元1176年冬天，诗人姜夔路过扬州，目睹了扬州的萧条衰败之景，抚今追昔，不由感慨万千，遂写下了《扬州慢》一词：

淮左名都，竹西佳处，解鞍少驻初程。过春风十里，尽荠麦青青。自胡

瘦西湖一角

马窥江去后，废池乔木，犹厌言兵。渐黄昏，清角吹寒，都在空城。

杜郎俊赏，算而今重到须惊。纵豆蔻词工，青楼梦好，难赋深情。二十四桥仍在，波心荡、冷月无声。念桥边红药，年年知为谁生？

昔日的灯烛歌吹风月繁华，骤然间风流云散，荡然无存。桥还在，人已散；月还在，谁堪赏？只照见桥下波心微荡，越圆越孤寂，越亮越冷清。

这是扬州明月的另一面，而这样的场景在扬州的历史上并不罕见。从春秋的兵戈到鲍照的芜城，从胡马屡屡窥江到多尔衮的屠城。频繁的战乱加之江河改道、世事变迁，扬州已不复往日的繁华了。

当年，郁达夫先生游扬州失望而归，写信告诫林语堂先生说：“你既不敢游杭，我劝你也不必游扬，还是在上海梦里想象想象欧阳公的平山堂，王阮亭的红桥，《桃花扇》里的史阁部，《红楼梦》里的林如海，以及盐商的别墅，乡宦的妖姬，倒来得好些。枕上的卢生，若长不醒，岂非快事。……”

郁达夫先生到底想寻找什么呢？纵然不是频繁的战祸人灾，再怎么辉煌的汉唐明月，也照不到我身上了。那昔日的繁华，因为岁月与战乱的变迁，都烟消云散，真不过扬州一梦。而这梦后人醒，那明月的光辉不过是繁华过后留下的记忆，至今还散落在蜀冈的清溪里，在平山堂的枯井中，在杜牧与欧阳子的诗赋里，在深幽的巷子中，在悠闲的百姓生活里……

多情的纳兰容若说：“无恙年年汴水流，一声水调短亭秋，旧时明月照扬州。”让扬州曜然生辉的不止是今日的月光，更是2500年来的月光交相辉映。我相信，最皎洁的月辉，在历史的记忆中，在文学的想象里，更在人的心上。

【胜 迹】

游览建议路线

大明寺　平山堂　汉陵苑　个园

扬州及周边名胜分布示意图

忆扬州

【唐】徐　凝

萧娘脸薄难胜泪，
桃叶眉长易觉愁。
天下三分明月夜，
二分无赖是扬州。

徐凝 像

寄扬州韩绰判官

【唐】杜　牧

青山隐隐水迢迢，
秋尽江南草未凋。
二十四桥明月夜，
玉人何处教吹箫？

（苏教版选修《唐诗宋词选读》）

赠别二首（其一）

【唐】杜　牧

娉娉袅袅十三余，
豆蔻梢头二月初。
春风十里扬州路，
卷上珠帘总不如。

杜牧 像

宿扬州

【唐】李　绅

江横渡阔烟波晚，
潮过金陵落叶秋。
嘹唳塞鸿经楚泽，
浅深红树见扬州。
夜桥灯火连星汉，
水郭帆樯近斗牛。
今日市朝风俗变，
不须开口问迷楼。

李绅 像

【名篇】

扬州旧梦寄语堂

◎ 郁达夫

语堂兄：

乱掷黄金买阿娇，穷来吴市再吹箫。箫声远渡江淮去，吹到扬州廿四桥。

这是我在六七年前——记得是 1928 年的秋天，写那篇《感伤的行旅》时瞎唱出来的歪诗；那时候的计划，本想从上海出发，先在苏州下车，然后去无锡，游太湖，过常州，达镇江，渡瓜步，再上扬州去的。但一则因为苏州在戒严，再则因在太湖边上受了一点虚惊，故而中途变计，离无锡的那一天晚上，就直接到了扬州城里。旅途不带《诗韵》，所以这一首打油诗的韵脚，是姜白石的那一首"小红唱曲我吹箫"的老调，系凭着车窗，看看斜阳衰草，

平山堂

残柳芦苇，哼出来的莫名其妙的山歌。

我去扬州，那时候还是第一次，梦想着“扬州”两字，在声调上，在历史的意义上，真是如何地艳丽，如何地使人魂销而魄荡！

竹西歌吹，应是玉树后庭花的遗音；萤苑迷楼，当更是临春结绮等沉檀香阁的进一步的建筑。此外的锦帆十里，殿脚三千，后土祠琼花万朵，玉钩斜青冢双行，计算起来，扬州的古迹、名区，以及山水佳丽的地方总要有三年零六个月才逛得遍。唐宋文人倾倒于扬州，想来一定是有一种特别见解的。杜牧的“青山隐隐水迢迢”与“十年一觉扬州梦”还不过是略带感伤的诗句而已，至如“君王忍把平陈业，只换雷塘数亩田”“人生只合扬州死，禅智山光好墓田”，那简直是说扬州可以使你的国亡，可以使你的身死，而也决无后悔的样子了，这还了得！

鸟瞰瘦西湖

我梦想中的扬州，实在太有诗意，太富于六朝的金粉气了，所以那一次从无锡上车之后，就是到了我所最爱的北固山下，亦没有心思停留半刻，便匆匆地渡过了江去。

长江北岸，是有一条公共汽车路筑在那里的；一落渡船，就可以向北直驶，直达到扬州南门的福运门边。再过一条城河，便进扬州城了，就是一千四五百年以来，为我们历代的诗人骚客所赞叹不止的扬州城，也就是黛玉的爸爸，在此撇下了孤儿升天成佛去的扬州城！

我在到扬州的一路上，所见的风景，都平坦萧杀，没有一点令人可以留恋的地方，因而想起了晁无咎的《赴广陵道》中的诗句：

醉卧符离太守亭，别都弦管记曾称。
淮山杨柳春千里，尚有多情忆小胜。（小胜，劝酒女鬟也。）

急鼓冬冬下泗州，却瞻金塔在中流。
帆开朝日初生处，船转春山欲尽头。

杨柳青青欲哺乌，一春风雨暗隋渠。
落帆未觉扬州远，已喜淮阴见白鱼。

才晓得他自安徽北部，下泗州，经符离（现在的宿县）由水道而去的，所以得见许多景致，至少至少，也可以看到两岸的垂杨和江中的浮屠鱼类。而我去的一路呢，却只见了些道路边的洋槐和秋收已过的沙田万顷，别的风趣，简直没有。连绿杨城郭是扬州的本地风光，就是自隋朝以来的堤柳，也看见得很少。

到了福运门外，一见了那一座新修的城楼，以及写在那洋灰壁上的三个福运门的红字，更觉得兴趣索然了；在这一种城门之内的亭台园囿或楚馆秦楼，哪里会有诗意呢？

进了城去，果然只见到些狭窄的街道和低矮的市廛，在一家新开的绿杨大旅社里住定之后，我的扬州好梦，已经醒了一半了。入睡之前，我原也去逛了一下街市，但是灯烛辉煌，歌喉宛转的太平景象，竟一点儿也没有。“扬州的好处，或者是在风景；明天去逛瘦西湖，平山堂，大约总特别地会使我满足，今天且好好儿地睡它一晚，先养养我的脚力吧！”这是我自己替自己解闷的想头，一半也是真心诚意，想驱逐驱逐宿娼的邪念的一道符咒。

瘦西湖中的黄石假山

第二天一早起来，先坐了黄包车出天宁门去游平山堂。天宁门外的天宁寺，天宁寺后的重宁寺，建筑的确伟大，庙貌也十分壮丽，可是不知为了什么，寺里不见一个和尚，极好的黄松材料，都断的断，拆的拆了，像许久不经修理的样子。时间正是暮秋，那一天的天气又是阴天，我身到这大伽蓝里，四面不见人影，仰头向御碑佛像以及屋顶一看，出了一身冷汗，毛发都倒竖起来了，这一种阴戚戚的冷气，叫我用什么文字来形容呢？

回想起二百年前，高宗南幸，自天宁门至蜀冈，七八里路，尽用白石铺成，上面雕栏曲槛，有一道像颐和园昆明湖上似的长廊甬道，直达至平山堂下，黄旗紫盖，翠辇金轮，妃嫔成队，侍从如云的盛况，和现在的这一条黄沙曲路，只见衰草牛羊的萧条野景来一比，实在是差得太远了。当然颓井废垣，也有一种令人发思古之幽情的美感，所以鲍明远会作出那篇《芜城赋》来，但我去的时候的扬州北郭，实在太荒凉了，荒凉得连感慨都叫人抒发不出。

热闹的瘦西湖

到了平山堂东面的功德山观音寺里，吃了一碗清茶，和寺僧谈起这些景象，才晓得这几年来，兵去则匪至，匪去则兵来，住的都是城外的寺院。寺的坍败，原是应该，和尚的逃散，也是不得已的。就是蜀冈的一带，三峰十余个名刹，现在有人住的，只剩了这一个观音寺了，连正中峰有平山堂在的法净寺里，此刻也没有了住持的人。

平山堂一带的建筑，点缀，园囿，都还留着有一个旧日的轮廓；像平远楼的三层高阁，依然还在，可是门窗却没有了；西园的池水以及第五泉的泉路，都还看得出来，但水却干涸了；从前的树木，花草，假山，叠石，并其他的精舍亭园，现在只剩了许多遗迹，有的简直连遗址都无寻处。

我在平山堂上，瞻仰了一番欧阳公的石刻像后，只能屁也不放一个，悄悄地又回到了城里。午后想坐船了，去逛的是瘦西湖小金山五亭桥的一角。

在这一角清淡的小天地里，我却看到了扬州的好处。因为地近城区，所以荒废也并不十分厉害；小金山这面的临水之处，并且还有一位军阀的别墅（徐园）建筑在那里，结构尚新，大约总还是近年来的新筑。从这一块地方，看向五亭桥法海塔去的一面风景，真是典丽堂皇，完全像北平（即北京，编者注）中南海的气象。至于近旁的寺院之类，却又因为年久失修，谈不上了。

瘦西湖的好处，全在水树的交映与游程的曲折；秋柳影下，有红蓼青萍，散浮在水面，扁舟擦过，还听得见水草的鸣声，似在暗泣。而几个湾儿一绕，水面阔了，猛然间闯入眼来的，就是那一座有五个整齐金碧的亭子排立着的白石平桥，比金鳌玉蝀，虽则短些，可是东方建筑的古典趣味，却完全荟萃在这一座桥，这五个亭上。

还有船娘的姿势也很优美；用以撑船的是一根竹竿，使劲一撑，竹竿一弯，同时身体靠上去着力，臀部腰部的曲线和竹竿的线条配合得异常匀称，异常复杂。若当暮雨潇潇的春日，雇一个容颜姣好的船娘，携酒与茶，来瘦西湖上回游半日，倒也是一种赏心的乐事。

船回到了天宁门外的码头，我对那位姑娘却也有点儿依依难舍的神情，所以就出了一个题目，要她在岸上再陪我一程。我问她："这近边还有好玩的地方没有？"她说："还有天宁寺，平山堂。"我说："都已经去过了。"她说："还有史公祠。"于是就由她带路，抄过了天宁门，向东走到了梅花岭下。瓦屋数间，荒坟一座，有的人还说坟里面葬着的只是史阁部的衣冠，看也原没有什么好看；但是一部《廿四史》掉尾的这一位大忠臣的战绩，是读过明史的人，无不为之泪下的；况且经过《桃花扇》作者一描，更觉得史公的忠肝义胆，活跃在纸上了。我在祠墓的中间立着想着，穿来穿去走着，

平山堂匾额

竟耽搁了那一位船娘不少时间。本来是阴沉短促的晚秋天，到此竟垂垂欲暮了，更向东踏上了梅花岭的斜坡，我的唱山歌的老病又发作了，就顺口唱出了这么的二十八字：三百年来土一丘，忠臣遗爱满扬州。二分明月千行泪，并作梅花岭下秋。

写到这里，本来是可以搁笔了，以一首诗起，更以一首诗终，岂不很合鸳鸯蝴蝶的体裁的吗？但我还想加上一个总结，以醒醒你骑鹤下扬州的迷梦。

总之，自大业初开邗沟入江渠以来，这扬州一郡，就成了中国南北交通的要道；自唐历宋，直到清朝，商业集中于此，冠盖也云集在这里。既有了有产及有势的阶级，则依附这阶级而生存的奴隶阶级，自然也不得不产生。贫民的儿女就被他们强迫作婢妾，于是乎就有了杜牧之的“青楼薄幸”之名，所谓“春风十里扬州路”者，盖指此。有了有钱的老爷和美貌的名娼，则饮食起居（园亭），衣饰犬马，名歌艳曲，才士雅人（帮闲食客），自然不得不随之而俱兴，所以要腰缠十万贯，才能逛扬州者，以此。但是铁路开后，扬州就一落千丈，萧条到了极点。从前的运使，河督之类，现在也已经驻到了别处；殷实商户，巨富乡绅，自然也分迁到了上海或天津等洋大人的保护之区，故而目下的扬州只剩了一个历史上的剥制的虚壳，内容便什么也没有了。

扬州之美，美在各种的名字，如绿扬村，廿四桥，杏花村舍，邗上农桑，尺五楼，一粟庵等；可是你若辛辛苦苦，寻到了这些再风雅也没有的地方，也许只有一条断石，或半间泥房，或者简直连一条断石，半间泥房都没有的。张陶庵有一册书，叫做《西湖梦寻》，是说往日的西湖如何可爱，现在却不对了，可是你若到扬州去寻梦，那恐怕要比到现在的西湖还更不如。

瘦西湖一景

小虹桥

你既不敢游杭，我劝你也不必游扬，还是在上海梦里想象想象欧阳公的平山堂，王阮亭的红桥，《桃花扇》里的史阁部，《红楼梦》里的林如海，以及盐商的别墅，乡宦的妖姬，倒来得好些。枕上的卢生，若长不醒，岂非快事。一遇现实，那里还有 Dichtung 呢！

【今作】

静谧优柔是扬州

◎ 蒋美琴

江南多雨，雨中又别有韵味。特地挑一个飘着细雨的夜晚，来到了曾在梦里到过的扬州。

雨夜中的扬州静谧而优柔。亭台朦胧，绿柳摇曳，错落的华灯倒映出迷离的光彩，晕染出一城的温柔。夜晚的扬州静如处子，却又透着诗人的韵味，让你不自觉地去闲庭信步，感受那风花雪月。一切是那么自然，自然得让你认为生活本就应该如此闲适。

坐在扬州的茶楼里，望着窗外的流水，时光仿佛回到了千年之前。也许只有在这样的温柔静谧之地，才能体味“倚闲情花雨，饮美酒玉露”的情致。扬州的清晨，雾还未散尽，鸟儿就开始啼鸣歌唱。空气里有阵阵花香飘过，十分清幽。窗外，满枝的琼花正肆意地开着，那么旁若无人地充盈着我的视野。

泛舟瘦西湖，物移景转。正陶醉时，有画舫遥遥地迎面而来，盈盈浅笑竟如唐寅博秋香

个园

寄啸山庄

三笑的韵致，曾经的爱情、遥远的浪漫让这瘦西湖平添了几分旖旎。

徜徉何园，为它的雅名而慕，这里是“倚南窗以寄傲”“登东皋以舒啸”的“寄啸山庄”，想来园主人是要“寄”这一方之园以“啸”平生之志吧。船厅内有老人在品茗，悠然自得，让我等尘世俗人望之神往。船厅外那鹅卵石铺就的水池中，波纹起伏，似见粼粼波光，似听裂岸涛声，让人不得不佩服这无水而有其意，无山而有其情的匠心慧意。

古色古香的木楼里，书香墨醇，历代名家的字画刻于厅内木壁，线条流畅、刀工明快、细致巧妙，让人心生思古之情。窄道阔庭寻寻觅觅，转身间迈进主人家的内堂卧室。门旁挂着穿过的衣衫，宽床锦被还留着主人曾经的生活气息。绣楼里小女儿低眉垂目，疾针飞线，繁花美景跃然锦上，不知她的青春是否也在此度过？

行于何园，仿佛穿过历史的长河。出得园来，行人匆匆，车辆如织，方才回到现世。

何园

北行数步又是一番天地，旧式民居刁家巷便在此处。想来一般的游人很难寻得这一旧时小巷。

扬州的小巷总是曲折幽深，宛转清幽，纵横交错着。每一个巷口的墙上都会写着一个稀奇古怪的巷名，含义委实难懂，却又引人深思。沿途巷口多见古井，井沿已被提水的绳索磨出道道深深的痕印。低头探去，井水幽深，清凉透底，不知养育了多少优秀的扬州儿女。轻轻地从扬州走过，就让那细雨湿润我的心田，清风吹柔我的思绪，花儿熏香我的发梢……黄昏临行，突然间心生一丝不舍。

扬州呵，我怎么舍得离开你？

春风又绿江南岸

镇江

【图说】

镇江位于江苏省中部，至今已有2500多年的历史，1986年被国务院批准为国家第二批历史文化名城。

东汉末年，孙权从苏州迁到镇江建都，定名京城，不久又西迁南京，镇江改称京口。

镇江风光旖旎多姿，具有真山真水的独特风貌，古人以“天下第一江山”来形容镇江山水名胜之气势。最著名的风景区是沿江夹峙的京口三山：金山、焦山、北固山。千百年来，历代名流大家纷至沓来，放歌题咏，挥毫泼墨，李白、白居易、苏轼、陆游等人都留下了瑰丽的诗文。此外，“水漫金山”“甘露寺招亲”等神话传说和历史故事，更为镇江增添了神奇美丽的色彩。

【走读】

天下江山谁“第一”

◎柳　岸

二十多年前，我在镇江的一所大学里读书。学校离北固山不远，再加上当时进北固山公园不必买门票，所以常去。山门口有字大如斗的“天下第一江山”榜书石刻，山上的多景楼上悬有宋代大书法家米芾手书的“天下江山第一楼”的匾额。它们曾让我不止一次地腹诽：古人真能忽悠，这么一座小山，竟给戴上“天下第一”的帽子，也不怕后人骂闭着眼睛说瞎话！

直到有一天，读到王湾的一首诗《次北固山下》，才恍然意识到，古人在这里所说的“天下第一”，原本也并非只指“山”呵，而是“江山”！此处的“江、山”不但难以分割，且的确不同凡响，说它“第一”只是一

北固山一角

种形容罢了，换句话说，是从文化意义上来说的。

客路青山外，行舟绿水前。
潮平两岸阔，风正一帆悬。
海日生残夜，江春入旧年。
乡书何处达？归雁洛阳边。

王湾，生卒年不详，唐代洛阳（今河南洛阳）人，唐玄宗先天年间进士，当过地方官，曾两次应召参加朝廷的古籍整理工作。在当时享有很大的诗名，但流传下来的诗歌却很少。这首《次北固山下》是他写的一首被传诵至今的诗。

北固山山门石刻

由诗题中的“次”字可知，作者写作本诗时，正途经北固山，泊舟山前。因此，诗属于记游诗，内容为作者途经北固山时的所见所感。

米芾书写的匾额

我初读这首诗时，最喜欢的是它的颔联，遣词平实而构思奇巧，画面清新而文辞隽永。为此它在我的头脑中曾一时留下了深刻的印象。

记得有一次，我的一位书画家朋友，应遵义会议旧址纪念馆之征欲创作一件书法作品，一时颇为难。当然为难的绝不是写字，而是写什么内容：写一首常见的唐诗宋词之类，似乎有点不太切题，也不太严肃；写一首自作的诗词，挂在那种地方，惟恐有字眼儿不当招致非难——因为他曾吃过这方面的苦头。他让我给出出主意，我稍加思索，便想到了“潮平两岸阔，风正一帆悬”这两句诗，我建议他将此写成一副对联。他听了禁不住地击节叫好，说不

南山小景

金山一角

但切题，而且境界阔大，意味丰富。

的确，王湾通过首联对客路、青山、行舟、绿水的描写，交待了自己漂泊的行踪后，紧接着的这一联便是对自己前程的眺望。在诗人的笔下，“江潮”“江岸”和“风”“帆”，通过“阔”字和“悬”字而人格化了。因此可以说，诗人眺望到的不仅仅是眼前的这个美好的当下，更暗示了人生的另一个美好前程就在前面。这样的一副对联挂在遵义会议纪念馆里，用来形容当年的遵义会议在中国革命史上的意义，的确是很确切的。

不过，事实上这首诗中最著名的句子是它的颈联：“海日生残夜，江春入旧年。”据说在唐代就获得了很多人的称道。殷璠《河岳英灵集》载，当时的名相张说就激赏这两句诗，他曾将这两句诗悬挂在自己的政堂之上，以提醒自己作诗为文要以此为楷范。唐朝诗人郑谷曾在自己诗集的后记上写有“何如海日生残夜，一句能令万古传”的话。今天甚至有人说，唐诗的整体艺术风格可用这两句诗来概括。

这两句诗何以获得如此高的评价？我们不妨先对它作些解释。海日：从江面升起的太阳。这里的“海”，是指宽阔的江面。残夜：天快亮的时候。旧年：去年。整句意思是：残夜未尽，一轮红日已从宽阔如海的江面上涌现；江南春早，早得春天好像就来自旧年的年尾。仔细吟咏后不难发现，它不但用对仗工整的诗句准确写出了江南初春的特点，而且时空交织，意象壮观绚丽，境界阔大高远，更为难能可贵的是，它在景物描绘中蕴藏着丰富的哲理。这正切合了盛唐时期人们普遍的审美要求，因此换句话说，这不正是唐诗的整体艺术风格吗？也因此，它在浩如烟海的唐诗中显得不同凡响就在情理之中了。由这样的名句支撑着的一首诗，自然成了唐诗中的杰作；北固山，也不再是一座小山了，因为它不但有大江作背景，而且把这样一首唐诗作了自己的背景。

焦山

【胜迹】

游览建议路线

芙蓉楼 · 金山寺 · 北固山 · 焦山 · 宝

镇江及周边名胜分布示意图

瓦屋山国家森林公园

芙蓉楼送辛渐

【唐】王昌龄

寒雨连江夜入吴，
平明送客楚山孤。
洛阳亲友如相问，
一片冰心在玉壶。

王昌龄 像

南乡子·登京口北固亭有怀

【宋】辛弃疾

何处望神州？满眼风光北固楼。千古兴亡多少事？悠悠。不尽长江滚滚流。

年少万兜鍪，坐断东南战未休。天下英雄谁敌手？曹刘。生子当如孙仲谋。

辛弃疾 像

永遇乐·京口北固亭怀古

【宋】辛弃疾

千古江山，英雄无觅孙仲谋处。舞榭歌台，风流总被，雨打风吹去。斜阳草树，寻常巷陌，人道寄奴曾住。想当年，金戈铁马，气吞万里如虎。

元嘉草草，封狼居胥，赢得仓皇北顾。四十三年，望中犹记，烽火扬州路。可堪回首，佛狸祠下，一片神鸦社鼓。凭谁问、廉颇老矣，尚能饭否？

（苏教版高中语文必修二）

泊船瓜洲

【宋】王安石

京口瓜洲一水间，
钟山只隔数重山。
春风又绿江南岸，
明月何时照我还？

王安石 像

【名篇】

镇江酱菜

◎ 叶灵凤

镇江的酱菜，一向是有名的。种类有酱黄瓜、酱生姜、萝卜头、什锦酱菜，都是当地传统著名的特产。

最近有一批这样的酱菜运到这里来发售。除了没有酱生姜之外，其余三种都有。都是用玻璃瓶装的，铁盖。美中不足的是，铁盖撬开后，就不能再用，一只质地非常好的玻璃瓶，就变成没有盖的了。以前曾来过一批，是用有螺旋的铁盖的，不知现在为什么又改了装。

但这总比早几年用玻璃杯的铁盖装设计好得多了。以前那一只盛酱菜的玻璃杯，用意原来很好，吃完了酱菜还可以有一只玻璃杯可用，可惜那铁盖盖得非常紧，很难撬得开，往往要撬破了玻璃杯的边缘，深以为可惜。

那时的酱菜除了杯装的之外，还有罐头的。只是浸在酱汁里的酱菜，实在不宜制成罐

酱菜

头，容易有铁腥味。从前镇江三和的萝卜头罐头就是此弊。现在一律改用玻璃瓶装，该是最理想的了。若是能用普通的螺旋瓶盖，使得这一只玻璃瓶将来还可以有用途，那就更理想了。

酱菜

这次运来的镇江酱菜，却是镇江恒顺酱醋厂的出品，用了金山寺做商标。镇江的滴珠黑醋也是有名的。吃镇江肴肉，吃上海大闸蟹，若是没有镇江醋，吃起来就要大为减色了。

我记得从前的镇江酱菜，是咸得很的，咸得有一点过分。现在的新产品，没有那么咸了，但也有了新的缺点，那就是酱黄瓜的糖分太重，吃起来觉得太甜了。

三种酱菜之中，滋味最好的是萝卜头，这也是镇江出产的酱菜之中最有特色的一种，是用杨花萝卜作原料的。贵小不贵大，腌制成酱菜后，外皮微烩，吃起来特别爽脆。

这类酱菜，是适宜送粥或是送茶淘饭的。这些都是滋味清淡的具有民族风格的家庭小菜。吃惯了牛油面包或是牛奶咖啡做早餐的人，若是能找机会吃一顿白粥做早餐，佐以油条和几样小碟的酱菜，体验一下我们祖先千百年来的朴素生活方式，也可以滤清一下整天在这里所吸收的那些乌烟瘴气。

早一向，这里还有北京酱菜可买，可惜现在已经缺货了。现在可以买到的只有天津虾油小黄瓜，是东北锦州的出品。

叶灵凤（1905—1975）

原名叶蕴璞，江苏南京人，青少年时代在九江、镇江居住。作品有：小说《我的生活》《穷愁的自传》《时代的姑娘》《永久的女性》《未完成的忏悔录》等；散文、随笔《天竹》《白叶什记》《忘忧草》《读书随笔》《文艺随笔》《晚晴什记》《北窗读书录》《花木虫鱼丛谈》等；翻译《新俄罗斯小说集》、罗曼·罗兰《白利与露西》、显克微奇《蒙地加罗》等。

【今作】

《三国演义》与镇江名胜

◎尹　江

《三国演义》一书，涉及镇江名胜几近20处。笔者酷爱此书，闲暇时，通过查阅资料、实地考察，形成《〈三国演义〉与镇江名胜》一文，敬献给诸位读者。

铁翁城遗址

在三国时代，镇江是孙权家族的故里和东吴霸业的发祥地，其地位居江东六郡之首。

孙权的祖父孙钟，吴郡富春（今浙江富春）人，早年丧父，因遭荒年迁居曲阿（今镇江丹阳），以种瓜为生，死后葬于白鹤山下。

孙权的父亲孙坚，以镇江为根据地开创江东大业，初平三年，他出征荆州，被黄祖的军士射死，其长子孙策将他归葬曲阿，其墓在丹阳的司徒，当地人称为“高陵”，又曰“大坟”。孙坚的夫人、孙权的生母吴夫人随弟吴景长期居住曲阿，死后与孙坚合葬。

铁瓮城遗址

孙权的哥哥孙策，继承父志，转战江东，所向披靡，军令严整，百姓拥护，不久统一了江东。孙策喜爱狩猎，一天在丹徒汝山一带打猎，被吴郡太守许贡的几个门客射伤，不久死去。临终前召见孙权，将印绶交给他，并说："若奉江东之众，决机于两阵之间，与天下争衡，卿不如我；举贤任能，使各尽力以保江东，我不如卿。"孙策死后葬于丹徒。据传，今官塘桥西侧的孙家湾，即孙氏陵墓所在之地。《乾隆镇江府志》云："吴孙策墓，在郡城南。孙氏诸陵，坚曰高陵，在曲阿，权曰蒋陵，在中山（今钟山，编者注）。惟策在丹徒。"

铁瓮城是镇江历史上第一座城，为孙权所建，距今已有1700多年的历史。该城遗址位于北固山前峰，呈马蹄形，周长约1公里。唐代杜牧曾作《润州二首》，其一讲的是铁瓮城：

谢朓诗中佳丽地，夫差传里水犀军。
城高铁瓮横强弩，柳暗朱楼多梦云。
画角爱飘江北去，钓歌长向月中闻。
扬州尘土试回首，不惜千金借与君。

东吴及历代王朝，铁瓮城均为政治和军事要地，孙权在铁瓮城居住约4年，后迁都建业，以此为京口镇。

1993年以来，考古工作者对遗址进行了发掘，发现了城砖和南城门。现市政府及有关部门正在考虑开发和利用铁瓮城，以促进旅游业的发展。

东吴古道

在北固山后峰南侧，有一条自西向东拾级而上的古道，叫东吴古道。北面是巨石砌成的古墙，从道底向北可到江边，向上尽头便是甘露长廊，转南可达北固山中峰、前峰，转北途经甘露寺，由祭江亭到江边，临城墙眺望江面，放眼滚滚东逝的长江。此道是孙权、后宫人员、要员登北固山商讨大事，观光览胜的要道，曾经留下孙权、鲁肃、周瑜、刘备、赵云、吴国太、孙夫人等众多历史人物的足迹。

东吴古道

甘露长廊

甘露长廊

《三国演义》中载，刘备招亲甘露寺，吴国太欲当面看刘备，孙权无奈，吩咐吕范于来日在甘露寺方丈室设宴。吕范曰:“何不令贾华率领三百刀斧手，伏于两廊。若国太不喜时，一声号举，两边齐出，将他拿下。”孙权遂唤贾华，吩咐预先准备，只看国太举动。次日果然在甘露寺设宴相婿。一会儿，赵子龙带剑而入，立于刘备之侧曰:“却才某于廊下巡视，见房内有刀斧手埋伏，必无好意。可告知国太。”玄德乃跪于国太席前，泣而告曰:“若杀刘备，就此请诛。”国太曰:“何出此言？”玄德曰:“廊下暗伏刀斧手，非杀备而何？”国太大怒，责骂孙权:“今日玄德既为我婿，即我之儿女也，何故伏刀斧手于廊下？”权推不知，唤吕范问之；范推贾华；国太唤贾华责骂，华默然无言。国太喝令斩之。玄德告曰:“若斩大将，于亲不利，备难久居膝下矣。”乔国老也相劝，国太方叱退贾华，刀斧手皆抱头鼠窜而去。

甘露长廊历经兴建，后废。1993年，镇江市政府复建局部长廊，自中峰铁塔西侧亭拾级而上，直通后峰甘露寺处，整个建筑为仿汉式样，雄伟壮观。

祭江亭

祭江亭

祭江亭位于北固山后峰石巅之上，四柱方亭，内设石桌、石凳、石盒。相传刘备病死白帝城后，被孙权骗回京口的孙尚香悲痛欲绝，欲前往奔丧，遭孙权拒绝。她来到此亭，设奠遥祭夫君，然后投江自尽。后人为了纪念她，将此北固亭改名为祭江亭。有人在亭中置楹联曰:“刘皇叔白帝城托孤，思悠悠，鼎足三分未成一统；孙夫人凌云亭祭江，赴滔滔，心怀两地遗恨千秋。”后人到北固亭怀古抒情者甚多，留下了许多不朽篇章。其中宋代辛弃疾的《永遇乐·京口北固亭怀古》和《南乡子·登京口北固亭有怀》这两首词为千古绝唱。

江城如画桥如虹

宣城

【图说】

宣城古称宣州，位于安徽省东南部，东临苏浙，地近沪杭，为安徽之东南门户。

范晔、谢朓、沈括、文天祥等先后出守于此，李白、韩愈、白居易、杜牧等也曾相继来此寓居。众多的人文遗迹、优美的自然风光，使得这座古城不仅赢得“上江人文之盛首宣城”的赞词，更享有“宣城自古诗人地”的美誉。

宣城人文胜迹遍布，有与黄鹤楼、岳阳楼、滕王阁并称“江南四大名楼”的谢朓楼，还有被300多位文人当作赋诗作画对象的“江南诗山”敬亭山，宣纸、宣笔、徽墨和绩溪古建筑更是代表“徽文化”的精彩篇章。

【走读】

诗城（节选）

◎ 郭保林

一

凡文化名城，大多有名楼古塔，残碑断碣，也应该有荒寺古刹，斜阳一抹，衰草蔓烟。走近它，一股苍凉的意蕴扑面而来，使你顿然感到时光的幽邃，岁月的悠远。读读石碑上被风雨侵蚀而漫漶的字迹，再翻一翻纸页发黄的地方志，你眼前总会幻化出几个文化名人的身影来，飘然的衣衫，浪漫的诗情，令人讶然幽然默然的轶闻趣事，使你感到小城文化底蕴的丰厚。

宣城是一座诗城，它浑身上下都挂满古代诗人的残句断章。

皖南是一朵花，宣城是花之蕊，妍丽，芳香，引得唐宋诗人狂蜂浪蝶般纷至沓来，把满腔的诗情、哀怨、喜怒哀乐倾泻给这片山环水

宣城古民居

复的土地，无意间还弄出许多千古绝唱，使这片山水扬名于世，人称之“自古宣城诗人地”。

从南齐至明清的文人雅士游历羁旅宣城者不下三百余人，览胜怀古，斗酒赋诗，或寄情山水，低吟浅唱，或相互酬答，挥毫泼墨，或寻访旧踪，发思古之幽情，留下诗篇数以百计。试问复复华夏，有几处山水能使这些风流人物如此心驰神往？有几处风光能使文人雅士如此缠绵迷恋？

终于来到宣城。

一走进这座江南小城就隐隐听到苍老的吟哦之声。“江路西南永，归流东北骛。天际识归舟，云中辨江树……”这是谢朓的声音，沙哑、低缓，还透出一种淡淡的苍凉，以及长期压抑之后而得到释放的舒畅啸然之气。

谢朓是宣城最老的诗魂，他在南齐明帝建武年间来宣城任太守，政绩卓著，为官清廉，世称“谢宣城”。谢朓留下的诗不多，薄薄的一本《谢宣城集》，其中四分之一的诗篇写于宣城。他的诗被认为有“继汉开唐”之风，他的同代人沈约赞扬道：“三百年来无此作也。”连诗仙李白也佩服得五体投地：“一生低首谢宣城。”宣城因谢朓而辉煌，历代名士贤达，慕句纷然而至，因而也诗化了宣城，宣城的山山水水也成了他们诗词歌赋的载体。

谢朓“高斋视事”成为宣城一带的佳话。谢朓在宣城任太守时期，在治所之北自建一室，取名“高斋”，为起居理事之用。后人将高斋改建，取名“谢朓楼”，成了流韵千古的一大景观。

谢朓公余闲暇就在高斋吟诗弄文。登楼远眺，临风抒怀，首先扑入眼帘的是敬亭山，“兹山亘百里，合沓与云齐”。在观山观水中，在与大自然对接中，他超越了时空，也超越了自我，因此成为这座城市的文化符号。自谢朓以来，先后直接写宣城的诗歌有600多首。无论你的视线在何处停落都有一页清纯的风景。脚下的宛溪水，吸收了多少幽谷兰露，接纳了多少桃花流水，碧波澹澹，山花落水时，鱼鹰惊梦；青鸟点足处，尺水兴波。紫燕掠过楼头，撒一天呢喃；柳絮飞落槛格，敷一方清雪。远眺山景白云悠悠，丘壑中雾岚袅袅，从深山峪谷的寺庙禅院传来的晨钟暮鼓，穿过葱葱林木，深深白云，一声一声，悠长而深远，带来清新和宁静。

中国官场有个奇怪的现象，古代诗人都曾经雄心万丈，自诩有经天纬地之才，一旦仕途蹇涩，官场不得意，便寄怀山水，放浪江湖，而且越不得意，诗越写得好。

而谢朓的老叔谢灵运正是这种山水诗的开山鼻祖。他不同于陶渊明吟咏在自己的一亩三分田，“结庐在人境，而无车马喧”“孟夏草木长，绕屋树扶疏。众鸟欣有托，吾亦爱吾庐”，陶渊明的视野一直圄囿在自家的房前屋后，瓜田秧圃，栖身垄土，日出而作，日落而息。这是典型的耕读人家，是封建农业经济社会最完整的一个细胞。人生归道，以求自安，这是陶渊明隐居之后，能够抵御世俗的诱惑，安于贫困，与田园相伴终身的人格之源。“暧暧远人村，依依墟里烟。”充满这一画面的是宁静与自给自足，而这一切皆来自诗人超然的情怀。

谢灵运则不然，这与他是纨绔子弟、贵族出身有关。他生于东晋王、谢两大门阀世族的谢家，曾叔祖是东晋宰相谢安，祖父是名将，淝水之战的总指挥谢玄。十八岁的谢灵运就袭封康乐公，食邑三千户，从小就养成一种放浪、奢靡的生活习性。谢家的庄园也相当恢弘壮观，且不说丹阶玉墀，琼楼高阁，舞台水榭，一应俱全，而且风景极佳，“左湖右江，往渚还汀。面山背阜，东阻西倾。抱含汲吐，款跨纡萦”“山纵横以布护，水回沉而萦邑”，这是一座极富匠心的园林。园内园外之景相连在一起，构成深远、苍茫、缥缈之境，他从小生活在这种诗天画地之中，能不与物俯仰，神思焕发，诗潮澎湃？可以说既有士族居住之地必有的园林，也有文人生存的人工之境，所以谢家旺族，不仅出宰相、将军，也必然出诗人、作家。

王、谢两族是东晋王朝门阀世族的领袖，谢灵运处在门阀、军阀激烈的矛盾冲突中，官运时起时伏，再加上他本人的门第优越感和个性特别强，一生仕途迍邅，后来外放永嘉做了太守。

这位风流太守童仆成群，婢妾簇拥，常常不事政务，浪迹山水，染上一种狂热的山水癖。每次外出，“四人拖衣裙，三人提坐席”，恃才傲物，臧否人物，指点江山，狎山戏水，达到嚣张的地步。有一次，他为游玩竟然从上虞始宁的南山伐木开道，一直到达临海，所带奴仆达数百人之多。临海太守王琇起初以为是山贼抢劫，大为惊恐，后来知道是谢灵运，才放下心来。谢灵运一玩起来，往往几十天不归，既不报告，不请假，也不怕弹劾。他到处探奇访胜，排遣政

胡氏宗祠

治上的不满情绪。他还发明了一种“谢公履”，为防登山打滑，上山去其前齿，下山去其后齿。

谢朓虽不及他叔叔放诞，但继承他叔叔山水诗的衣钵，青出于蓝而胜于蓝。谢朓生活的时代是山水诗走向成熟的时代，也是最狂热的时代，玄学思潮弥漫士林，人们对世界乃至宇宙的思考出现了质的飞跃，诗歌作为“哲学的表象”自然承受了这种辉煌，也就是说进入了哲理的时代，谢朓《始之宣城郡》《游山》《游敬亭山》等明显地带有这种痕迹。但是谢朓的诗又超脱了山水加情理的模式，把山水诗写得更加“流转圆美”，融景情于一炉，开拓了山水诗雅致淡远、引人遐思的审美空间。所以李白对小谢极其崇拜，“蓬莱文章建安骨，中间小谢又清发”，他常自比小谢，更流露出对自己才华的自信。

我去谢朓楼时遇雨天，江南的春雨，霏霏、沥沥、淅淅，如烟似雾，扑朔迷离，如梦似幻，勾人魂魄。公园正在维修，因雨又停工，没有游人，也没有施工的工人，一片静寂。谢朓楼不知何时修建，已破败不堪，油漆剥落，木质皴裂，瓦当也有破碎。冷落，萧条。

一个谢宣城引来三百多位诗文大家前来吟山咏水，这是一种人格的魅力，还是一种艺术的魅力？李白是心绪烦苦，忧愤郁悒来到宣城，寻找前贤倾泻心中块垒，倘若谢朓地下有知，也该出来会见一下这位后世大名鼎鼎的诗仙，痛饮三百杯，一浇万古愁！

二

我穿行在宣城“九街十八巷”，小城四月，到处弥漫着青春的朝气，生命的元气。街道旁古樟新桐，青翠欲滴，家家庭院竹影斑斑，绿意惹人；水阳江犹如一匹绿绸束在宣城的腰部，又如一枚银簪插入小城的云鬓雾鬓。城郊是逶迤蜿蜒的山浪。山苍苍，水茫茫；树苍苍，云茫茫，莽莽苍苍茫茫，一种寥廓、旷达、深远、缥缈的意境。走在这大街小巷，在高楼大厦林立的罅隙里依然露出徽派建筑粉墙黛瓦马头墙的一角，显示出小城很古典很沧桑，也很文化。我走遍大街小巷除了雷同化的店铺、酒肆、茶坊，还有歌舞厅、咖啡馆，却不见大唐帝国诗人们的踪影，连弱宋文人骚客的衣袂也难寻觅！我茫然回顾，恍恍惚惚，觉得李白就应该在前面的小酒馆狂饮浪醉，嘴里念念叨叨：“江城如画里，山晚望晴空。两水夹明镜，双桥落彩虹。”还有那浪荡公子杜牧，像是刚从哪家秦楼楚馆走出来似的，衣衫不整，步子趔趄，一脸酒气，也是这烟雨四月，嘴里不经意地吟道：“千里莺啼绿映红，山村水郭酒旗风。南朝四百八十寺，多少楼台烟雨中。”寥寥几句，把江南的风光写得如此淋漓，成了千古华章！

唐朝的诗人最先追寻谢朓足迹来宣城的当属孟浩然。孟浩然也是李白尊崇的诗人，他曾称赞："吾爱孟夫子，风流天下闻。"孟浩然一生不仕，四十岁前，他隐逸故乡，吟山咏水，四十岁进京科考，结果名落孙山，铩羽而归，从此心境更加灰黯，仕途更加渺茫，这就注定了他只能放浪山水、浪迹江湖。孟浩然于开元六十八年间有吴越之游，曾来宣城。那正是大唐盛世年华，诗化的大唐王朝，往往一首好诗能使大地颤抖，朝野震惊。他认识李白时已是名满天下的山水诗人，他长李白十二岁。李白赠诗孟浩然，最有名的是那首"故人西辞黄鹤楼，烟花三月下扬州。孤帆远影碧空尽，唯见长江天际流"。太平盛世，又是物阜繁华的扬州，又是烟花三月，从黄鹤楼到扬州，必定一路繁花似锦。孟浩然沉浸在"烟花三月"扬州的春色里，一时拔不出腿来去浪游宣城，他只到过宣城边界便匆匆而回。随后便是李白，接着大唐诸多大诗人纷沓而至，有爱写边塞诗的高适，以山水诗见长的"韦苏州"——韦应物，唐宋八大家之一的韩愈，以写竹枝词而名著于世的刘禹锡，还有放浪不羁的杜牧。唐以后，历代诗人络绎不绝，欧阳修、王安石、曾巩、梅尧臣，还有词国皇帝李煜也驾临宣城，极言赞叹这里的乱山、烟江、浩浪、轻舸。光荣啊，宣城，华山夏水，有几处引得如此众多的文学大师们的青睐？

这是一片充满灵性的土地。

山是宣城的固体化。

水是宣城的液态化。

万物的排列，跌宕有致，一轴苏醒的大地和山水的感性画卷。

你走进宣城的山山水水、村村巷巷，处处都是一片令人动情的风景：远山雾岚，近水烟村，村野山径，断桥残垣，蛩鸣鸟语，落日夕照，风丝雨片，山泉的呜咽，溪流的歌吟，还有雨落草叶令人悸动的一阵阵战栗，风过林梢小鸟一声声让人心疼的叹息，一切都蒸腾出一缕诗意，令你沉思，令你想象，令

你心驰；你若将耳朵贴近大地山野，你会感到温热的气息，听到大地血管热烈的脉跳，还会听到无穷无尽的诉说。

水阳江是长江的一条小小的支流，虽然平静、安详，当你俯耳静听，汩汩的涛韵依然传导着大江巨澜的轰鸣声，一种神秘性，一种私密性。这平静的土地依然蕴涵着灵性的骚动，丰沛的激情。

在这里，阳光会晒干你心灵的霉斑，雨露会打湿你的梦呓，风会启开你的心扉，时间在这里已改弦更张，消失而又漫长无限。

宣城，是诗人的伊甸园。李白写宣城诗七十余首，杜牧写宣城诗四十首，许浑二十二首……一个诗人把这么多的感情倾泻给了一个小城，可见这里的艺术魅力。这正中了王国维那句话："因为大诗人所造之境，必合乎自然，所写之境亦必邻于理想故也。"

纯真来自天道自然。

宣城是视觉的抽象，是艺术和诗的具象。宣城，已经成为诗性的文本。

【胜迹】

游览建议路线

敬亭山　　广教寺塔　　谢朓楼　　于

宣城及周边名胜分布示意图

独坐敬亭山

【唐】李　白

众鸟高飞尽，孤云独去闲。
相看两不厌，只有敬亭山。

李白 像

秋登宣城谢朓北楼

【唐】李　白

江城如画里，山晚望晴空。
两水夹明镜，双桥落彩虹。
人烟寒橘柚，秋色老梧桐。
谁念北楼上，临风怀谢公。

宣州谢朓楼饯别校书叔云

【唐】李　白

弃我去者，昨日之日不可留；
乱我心者，今日之日多烦忧。
长风万里送秋雁，对此可以酣高楼。
蓬莱文章建安骨，中间小谢又清发。
俱怀逸兴壮思飞，欲上青天览明月。
抽刀断水水更流，举杯消愁愁更愁。
人生在世不称意，明朝散发弄扁舟。

之宣城郡出新林浦向板桥

【南朝·齐】谢　朓

江路西南永，归流东北骛。
天际识归舟，云中辨江树。
旅思倦摇摇，孤游昔已屡。
既欢怀禄情，复协沧州趣。
嚣尘自兹隔，赏心于此遇。
虽无玄豹姿，终隐南山雾。

谢朓 像

【名篇】

青山魂（节选）

◎ 王充闾

去年秋杪，我有皖南之行，半月时间，足迹遍于当涂、宣城、秋浦、泽县一带。这里恰好是李白晚年活动的中心。此行为我深入探究这位大诗人的奥蕴提供了一个开阔的视野、理想的角度。

李白祖籍陇西成纪，其先祖于隋朝末年被流放到西域。李白出生在中亚的碎叶城（唐时在安西都护府辖区内），五岁前后随父亲内迁至绵州彰明县青莲乡。这种丰富的阅历，为他形成创造性思维奠定了有利的基础，而盛唐时期繁荣、安定的社会环境，又使他有条件接受良好的传统文化教育。

李白学习的范围十分广泛，“十岁观百家”“十五观奇书”，从小便树立了建功立业、济苍生、安社稷的政治理想。他常常自比于历史上著名的政治家管仲、乐毅、张良、诸葛亮、谢安，志在“申管晏之谈，谋帝王之术”“使寰区大定，海县清一”。他二十五岁那年，怀抱“四方之志”，出蜀远游，开启了后来三十几年的漂泊生涯。先后曾寓居湖广的安陆、山东的任城，漫游了祖国中、东部的许多地方，结交各方面人士，向一些地方官员锐身自荐。尔后，又移家皖南，并终老于此，前后住了六年时间。

宣城一角

天宝元年春天，李白从东鲁南下来到皖南的南陵，秋天离开这里奉诏赴京。这是他首次入皖。天宝六年，也就是李白在长安遭受挫折、被迫出京三年之后，又经由扬州、金陵溯江而上，畅游皖南的当涂。又过了六年，李白第三次前来，在近三年的时间里，足迹遍及皖南各县。李白第四次流寓皖南，是在生命的最后两年，夜郎流放遇赦之后，他再次来到宣城、泾县，最后投靠族叔李阳冰，定居于当涂，并选择“谢家青山”作为埋骨之地。

皖南一带绮丽的风光、朴厚的民情，滋润与抚慰了他的充满动荡、溢满忧愤、布满坎坷的失意生涯。诗人同这里的山山水水结下了深厚的情缘，而原本就雄奇秀丽的皖南山水，一经诗人大笔淋漓的点染，更凸显了它的壮美无俦的神采，成为神州大地最具人文价值的区域之一。

那些天，我一直沉酣在一种幻觉里：山程水驿，雨夜霜晨，每时每地，都仿佛感到诗人李白伴随于前后左右，而且不时地发出动人的歌吟。当我站在宣城陵阳山谢公楼的遗址上，面对着晚秋的江城画色，“两水夹明镜，双桥落彩虹”的谪仙名句，油然浮荡在耳际。而当驻足采石矶头，沉浸在横江雪浪的壮观里，“惊波一起三山动”“涛似连山喷雪来”的隽永，又使我同诗人一样跃动着猛撞心扉的惊喜，获得一种甘美无比的艺术享受。

碧山，坐落在皖南黟县的西北面，它北连盂山，南对霭峰，风景十分幽美。《徽州府志》记载，此地有十里桃花，春时与绿树交映，秀色宜人。虽然我来时已是黄叶飘飞，秋光满眼，但从李白《山中问答》诗中仍能领略它的浓春逸趣：

问余何意栖碧山，笑而不答心自闲。
桃花流水窅然去，别有天地非人间。

诗人眼中的碧山，充满了清幽、纯净之美，是名利场、是非窝的“人间”所无可比拟的。短短二十八个字，寓沉重于闲适，寄托了诗人愤世嫉俗的

万千感慨。明代诗人李东阳说它“淡而愈浓，近而愈远”，其旨趣“可与知者道，难与俗人言”。

在这里，我也效仿诗仙以恬淡、虚空的心境，对碧山作一番美的观照，沉浸在美学家所说的“静照”境界里：“空诸一切，心无挂碍，和世务暂时绝缘。这时一点觉心，静观万象，万象如在镜中，呈现着它们各自的充实的、内在的、自由的生命”“在静默里吐露光辉”（宗白华《美学散步》）。

我忘情地踏着晚秋的黄叶，徜徉于五松山下、天柱峰前，漫步在桃潭、秋浦之间，寻几分天籁，握一把苍凉，在疑幻疑真的朦胧意象里，借助那一泓澄碧和万壑松吟来濯心、洗耳。一时间，仿佛冲破了时空的限界，纵身千载之上，同诗人一道亲历那“扫石待归月”“倚树听流泉”的幽情雅趣。

王充闾（1935— ）

著名散文家，中国作协主席团成员，辽宁省作协名誉主席。著有《沧桑无语》《淡写流年》等散文集，曾获鲁迅文学奖。

【今作】

一座用诗歌建起的名楼

◎柳　岸

那年去宣城，就是冲着谢朓楼去的。

我们在一个十字路口向一位正在值勤的交警打听："请问去谢朓楼怎么走啊？""沿着这路一直向前，再过两个红绿灯，向左拐，走500米左右就到了。"交警同志手指着我们迎面的一条马路，热情地告诉我们。于是我们驱车直奔那里。

到了那儿，我们都傻眼了：眼前哪是什么"谢朓楼"，而是一家与谢朓楼风马牛不相及的"谢朓酒楼"。门楣上字大如斗的金字店招，不但镶着霓虹灯，而且还披着五颜六色的小电灯，看上去俗气极了，硬是把一座还算朴素的楼房，打扮得如同一个倚街卖笑的艳妇。

谢朓楼

谢朓楼一角

我们很失望，于是继续寻找真正的谢朓楼。但驱车在宣城城内四处转悠的结果是得到了一个肯定的结论：谢朓楼早已无迹可寻，要领略登临谢朓楼的意味，只有去读李白的那两首诗了。

一般说来，一处胜地，一位诗人即使登临多次，也不会多有诗作。不为别的，只因为诗人面对同样胜景所作之诗，容易重复，不易出新。然而李白相隔不到一年时间，两次登临同一座楼阁，不但都写了诗，而且两首诗都成了唐诗中的杰作。恐怕只有诗仙才有这样的艺术胆量和艺术才华吧。

天宝十二年（公元 753 年）秋，李白在宣州（今安徽省宣城市）一带游历，他的族叔、秘书省校书郎李云准备去别处，李白就在当地的谢朓楼（南朝时著名诗人谢朓任宣州太守时所建）为他饯行。此时，李白即景生情，感慨万千，写下了一首怀古伤今的诗《宣州谢朓楼饯别校书叔云》：

弃我去者，昨日之日不可留；
乱我心者，今日之日多烦忧。
长风万里送秋雁，
对此可以酣高楼。
蓬莱文章建安骨，
中间小谢又清发。
俱怀逸兴壮思飞，
欲上青天览明月。
抽刀断水水更流，
举杯消愁愁更愁。
人生在世不称意，
明朝散发弄扁舟。

开篇两句，诗人直抒自己饯别时的心情：过去的美好时光一去不复返，无法追回——欲写“今日”之愁，却从“昨日”落笔，然后再一笔带出“今日”——它给人带来的仍是无穷的痛苦和忧愁。一股郁闷愤慨之情喷薄而出，一泻千里。紧接着，诗人笔锋陡然一转，三、四两句即景叙事：登楼远望，只见秋风浩荡、大雁南飞。表面上似乎将愁苦抛却一边，然而细味诗意：大雁飞去归期易料，而族叔这一离去，却是归期难料。因此面对此情此景，诗人心中的失意之感和离愁别绪难以言说，只好“劝君更尽一杯酒”，举杯畅饮一番。诗句中“送”和“酣”字正切题目“饯别”；“秋”字点明了时令，“高楼”点明地点；“长风”“秋雁”的意象有利于诗人抒发离愁别绪。中间四句是诗人对李云和自己的评价：作者认为李云的诗有建安风骨，而自己的诗和南齐诗人谢朓一样，有清闲秀逸的风格——应该说诗人的评价是客观而有见地的。大家都有远大的理想和抱负、超逸的才华和气质，雄心壮志犹如白云在天空飞翔，天上的明月可以揽入怀中。

最后四句是诗人抒发自己的感慨。其中“抽刀断水水更流，举杯销愁愁更愁”二句，由于感情真切、意象独特、比喻新颖，成了千古名句。我们知道，李白年轻时有着“济苍生”和“安黎元”的雄心壮志，才华横溢。入翰林后却无端受到压抑、打击和排挤，心中的愤怒和苦闷自然难以排遣，只得“举杯销愁”，然而这又如同抽刀断水一样徒劳。不过尽管如此，诗人并没有“深愁无一语”，而是大声疾呼：人生在世不能称心如意，不如明天披头散发无拘无束地放舟江湖。诗人从心底发出的呼声，是对当权者的彻底的决裂，也是诗人豪放性格和叛逆精神的表现。

全诗从“昨日”落笔，以“明朝”收笔，着意于“今日”的抒写。结构完满，洋溢着激越奔放的感情。诗篇不受形式的束缚，用散文化的句子，自然充分地表现了自己如波涛般汹涌的愤懑之情，体现出豪放的风格。

李白在谢朓楼写下的另一首诗，题为《秋登宣城谢朓北楼》，全诗如下：

江城如画里，山晚望晴空。
两水夹明镜，双桥落彩虹。
人烟寒橘柚，秋色老梧桐。
谁念北楼上，临风怀谢公。

谢朓楼匾额

这是一首五律，写于天宝十三年（公元754年）八月，此时李白刚从金陵漫游回至宣城。与写第一首诗的立足地点相同，季节也相同，面临的景色自然也大同小异。然而，李白笔下的这首诗所散发出的气息却是新鲜而又独特。

在这首诗中，诗人的心气与上一首相比似乎平稳、深沉了许多。正因如此，李白选择的诗体是五律，而不是那便于直抒胸臆的古风。诗的开篇也不像上一首那样，抑郁愤慨之情如开闸的洪水般喷薄而出，而是为读者豁然抖落开一幅“江城日暮图”：“江城如画里，山晚望晴空。”

古祠堂

古典园林一角

这两句如果仅仅从意思上来说，应该是“山晚望晴空，江城如画里”，因为只有是在“晴空”下“望”，才能看到“江城如画里”的景象。诗人在此将二句“倒装”，不仅是诗歌押韵的需要，更是全诗构思的需要。因为颔联和颈联正是对上两句的具体描绘，而这两联的顺序又似乎是不能颠倒的。因为只有这样，才能使尾联的抒情出之自然，使全诗呈现出一种渐向下沉的感情走向和结构形式。

除了结构十分精心，在语言上，本诗还十分讲究“炼字”，尤其是中间两联，历来为人们称道。颔联中的“两水”，指句溪、宛溪，它们在宣城东北相会，绕城合流。“双桥”指横跨溪水的上、下两桥：上桥为凤凰桥，在城东南泰和门外；下桥叫济川桥，在城东阳德门外。因此可以说，此联是写实。但一个“夹”字和一个“落”字，两处景物仿佛就“活”了起来，而且诗人又将此与“明镜”“彩虹”相缀，写实的诗句也似乎有了“神话”意味。颈联中的一个“寒”字和一个“老”字，更是神来之笔：这两个字的活用，不但写出了自然景物的微妙特征，更将诗人的主观感情融入其中。其内在意蕴的丰富，使它成了诗歌中的一个“绝句”。

关于这两句诗，《唐诗广选》中有这么一段话：

王元美曰：“太白‘人烟’二语，黄鲁直更之曰：‘人家围橘柚，秋色老梧桐。’只易两字，而丑态毕具，直点金作铁手耳。”

清朝著名学者纪昀，也针对这两句诗说过这样一段话：

五、六佳句，人所共知。结在当时不妨，在后来则为窠臼语，为浅率语，为现成语，故论诗者当论其世。

这也从侧面说明了这两句诗艺术水平之高。

尾联两句，按律诗常规多为点题，但李白在此不仅点题，而且别具匠心地对主题作了巧妙的深化："谁念"，也就是"无人念"；在"北楼上，临风怀谢公"的不是别人，正是诗人自己。至此，诗的主题不言自明，读者当然也心领神会了。至此，我们不难明白，这首诗的主题实际上与前一首是一致的。只是如此表达，与前一首诗相比显得更为含蓄。

一楼二诗，如此各有千秋，可谓双璧。这是谢朓楼的荣幸，也是宣城的荣幸。只可惜它今天只存在于诗歌中了。或许它本身就是一座用诗歌建成的名楼吧！

谢朓雕塑

下编

楚天千里望清秋

醉翁之意不在酒

滁州

【图说】

滁州位于安徽省东部，它的名称在隋朝正式出现，得名可能与境内的滁河有关。

滁州名胜首推琅琊山。西晋“八王之乱”时，琅琊王司马睿曾在滁州西南摩陀岭避难，琅琊山因此得名。山中溪流淙淙，密林之中掩映着建于唐代的琅琊寺和宋代的醉翁亭、丰乐亭；山间摩崖石刻遍布，其中“欧文苏字”碑被称为“镇山”之宝。

滁州的全椒籍作家吴敬梓于贫病交加中写出了举世闻名的讽刺小说《儒林外史》，三百多年来，这本名著以各种文本传播世界。

【走读】

琅琊山间笛

◎ 冯允之

从火车上经过滁州已有数十次，下车来却是第一回。与一个城市亲密接触很难，在一个城市留下深切记忆就更难了。人类的足迹已能到达星空，可是在飞鸿踏雪泥的人生里有沦浃肌髓的回忆，却并不容易。想一想这个城市，蚁聚的人群里，多了一只小蚂蚁的触角，不会有任何感觉，但在这只蚂蚁的心里，却有了一些记忆与想象。

雅致的记忆有“野渡无人舟自横”（《滁州西涧》），有“醉翁之意不在酒”（《醉翁亭记》）。通俗的记忆更多一些。第一个是关于辛弃疾的。滁州在宋代是宋金分界线，战争频仍，盗匪横生，百姓多流亡在外。辛弃疾力主抗金，皇上就将他安排在滁州，收拾乱局。一年以后，地方平静，百姓安居乐业。

第二个记忆是亲身经历多次的。有一段时

琅琊山石刻

间，火车经过滁州，卖啤酒的，卖茶叶蛋、咸鸭蛋的，在停车的一瞬间涌上火车，列车员同时播报：“请各位旅客看好自己的行李物品，注意小偷。”于是对滁州有了一些误解。

后来看到欧阳修的诗：“十里长街五鼓催，泥深雨急马行迟。卧听竹屋萧萧响，却忆滁州睡足时。”在欧阳修的记忆里，滁州是他落难的地方，也是区别于十里长街的萧萧竹叶荫蔽之地，是“严冬暖被日高眠”的栖息处。

相传欧阳修《醉翁亭记》原来的开头很啰唆：“滁州四面皆山，东有乌龙山，西有大丰山，南有花山，北有白米山，其西南诸峰，林壑尤美……”有樵人斧削为“环滁皆山也”，遂成千古名句。游滁州，游人之心当先经斧削，抹去蒙在滁地的俗尘，虚室生白，方可唤醒不绝如缕的文化记忆。

“环滁皆山也，其西南诸峰，林壑尤美。望之蔚然而深秀者，琅琊也。”连日淫雨霏霏，难得游滁之日，竟乍开一线晴明，正可见环抱着小城的西南诸峰，不禁心向往之。

新翻山门高耸，门票价格不菲，所喜游人稀疏。山门之内，山路蜿蜒，衰草尚未知春，玉兰枝柯横斜，擎出满树毛茸茸的花苞。今天的琅琊山和别的山一样，有寺庙，有道观，有观音，有财神，路上还有衣着可疑的“好客者”招呼游客休息一会儿看他的相面把戏，只是别指望能遇到“野僧治饭挑蔬至，童子携茶对客煎。夜久月高风铎响，木鱼呼觉五更眠”的情景。

今天的琅琊山还保留着朴实的一面。整座山上很少有标志牌，深入山间，不辨东西南北，但觉四围皆山也。峰回路转，一块巨石上赫然写着四个红字，游客猜想，大概是什么“曲径通幽”“泰山岩岩”之类，走上前去一看，原来是“注意防火”。

“山行六七里，渐闻水声潺潺而泻出于两峰之间者，酿泉也。”背诵着欧公的文句，虽有按图索骥之心，却也预存了失望的准备。当真听到水声潺潺，真个是喜出望外了。水澄净清冽，水底绿苔细石，历历可见。虽未见鱼肥，能得泉香已是颇为难得。

苏舜钦说：

滁阳太守好山水，
公余日醉群山间。
滁峰环回秀相倚，
作亭正对溪山前。

欧阳修自己也承认：

有一土泉在城东百步许，遂往访之。乃一山谷中，山势一面高峰，三面竹岭回抱。泉上旧有佳木一二十株，乃天生一好景也。遂引其泉为石池，甚清甘，作亭其上，号丰乐，亭亦宏丽。……以细芍药十株……植于其侧。其他花竹，不可胜纪。

当地山神一般的人物，热爱起山水来，是山水的福气。他能赏鉴到山水的妙处，又能做出新的景观来。

找到了酿泉，随即寻找“翼然临于泉上”的醉翁亭，自然不是路边随便一处破败的小亭子，可是泉水绵长，哪一处才是“泉上”呢？正徘徊间，耳际传来悠扬的笛声。

琅琊寺寺门

循笛声迤逦而上，在一片仿古建筑中找到了醉翁亭。公元1045年，欧阳修贬官来到滁州，与琅琊寺住持智仙和尚结为知音。智仙在山麓修建小亭，欧阳修欣然命笔，写下《醉翁亭记》。文章一出，醉翁亭就吸引了不少游人。当时的太常博士沈遵便慕名而来，不仅观之赏之，更为之创作琴曲《醉翁吟》（又名《太守操》），欧阳修亲为配词。数年之后，欧阳修与沈遵重逢，夜阑酒半，沈遵弹奏《醉翁吟》，“有如风轻日暖好鸟语，夜静山响春泉鸣”。琴声如诉，勾起欧公宴饮游逸于醉翁亭的回忆，遂又作诗以赠：

群动夜息浮云阴，沈夫子弹《醉翁吟》。《醉翁吟》，以我名，我初闻之喜且惊。宫声三叠何泠泠，酒行暂止四坐倾。有如风轻日暖好鸟语，夜静山响春泉鸣。坐思千岩万壑醉眠处，写君三尺膝上横。沈夫子，恨君不为醉翁客，不见翁醉山间亭。翁欢不待丝与竹，把酒终日听泉声。有时醉倒枕溪石，青山白云为枕屏。花间百鸟唤不觉，日落山风吹自醒。我时四十犹强力，自号醉翁聊戏客。尔来忧患十年间，鬓发未老嗟先白。滁人思我虽未忘，见我今应不能识。沈夫子，爱君一尊复一琴，万事不可干其心。自非曾是醉翁客，莫向俗耳求知音。

醉翁亭号称“天下第一亭”，天下第一倒不必去争，许多第一，争了也没人信。不过醉翁亭太值得一看了。此亭自非当年山僧智仙所造，唯亭旁有欧公手植梅花一株，梅花似雪，正吐露芬芳，让人不自主地想起须发皆白的诗翁。可能是树龄太老，枝干已枯干，园艺人员将水泥干伪装成虬枝，支撑起倾斜的一方，有天成之妙。据说此梅品种稀有，花期不抢蜡梅之先，不与春梅争艳，独伴杏花开放，故得名曰“杏梅”。明代嘉靖年间滁州判官张明道为赏梅而建古梅亭，后人增其旧制，又建有览余台、影香亭、怡亭等景观，遂成廓落庭院，中庭设渠引泉，有九曲流觞之雅意。琅琊墨苑中近人的书法，同样吟咏的是醉翁。

山水之乐开启了一代又一代人的心扉，蜉蝣蝼蚁般渺小的生命，遂寻到了广阔如沧海、久远如天地的寄托。

亭后有石名“云根”，其势峭拔，一溜石阶将游人引向高处的玄帝宫。笛声就是从那里传来的。一个身材魁伟的男子，面对山下，手持玉笛，发音清越。我循声往山上爬，笛声将醉翁亭以及周遭的一切镀上了银亮的光泽。看过醉翁亭旁的联句，盛开的梅花，精致的曲水流觞，再听这支仙曲，大有不知今夕何夕之叹。流连再三，不忍离去。下得山来，往深秀湖走去，一路上仍是隐约的笛声相伴，化用朱自清的名句，正好是：远处山上高人的笛声仿佛梅花的暗香浮动。

也许，笛声带来的都是错觉，但我宁愿相信，整个滁州城都淹没在这悠扬的笛声中，不紧不慢，在汹涌的人流里仍保持一些古风。

【胜迹】

游览建议路线

琅琊山 → 南天门 → 会峰阁

滁州及周边名胜分布示意图

滁州西涧

【唐】韦应物

独怜幽草涧边生，
上有黄鹂深树鸣。
春潮带雨晚来急，
野渡无人舟自横。

韦应物 像

守滁阳深秋忆登郡城望琅琊

【唐】李　绅

山城小阁临青嶂，
红树莲宫接薜萝。
斜日半岩开古殿，
野烟浮水掩轻波。
菊迎秋节西风急，
雁引砧声北思多。
深夜独吟还不寐，
坐看凝霜满庭莎。

李绅 像

次韵王滁州见寄

【宋】苏　轼

斯人何似似春雨，歌舞农夫怨行路。
君看永叔与元之，坎坷一生遭口语。
两翁当年鬓未丝，玉堂挥翰手如飞。
教得滁人解吟咏，至今里巷嘲轻肥。
君家联翩尽卿相，独来坐啸溪山上。
笑捐浮利一鸡肋，多取清名几熊掌。
丈夫自重贵难售，两翁今与青山久。
后来太守更风流，要伴前人作诗瘦。
我倦承明苦求出，到处遗踪寻六一。
凭君试与问琅琊，许我来游莫难色。

苏轼 像

【名篇】

烟雨醉翁亭

◎何 为

幼时背诵欧阳修名篇《醉翁亭记》，辄为之神往。那四百来字的文章用了二十一个“也”字，那统率全文首句“环滁皆山也”的非凡笔力，那“醉翁之意不在酒，在乎山水之间也”成为生活语言中的常用典故，处处都使人心折。去年秋天我应邀首次到滁州，终于领略了一番文中历历如绘的琅琊山胜景，觉得这一片名山名水早被欧阳修写完，不知该从何处落笔。

想不到今年十月我又有滁州之行，以醉翁亭命名的首届散文节就在那里举行。不同于上次秋阳明丽，这次是秋雨连绵。同行的市委宣传部长举伞笑着说，《醉翁亭记》写尽琅琊山的四季景观，以及山间晨昏晦明的变化，唯独没有着笔于雨景。这一“点评”使我憬然有所悟。

醉翁亭

那天驱车出城，在琅琊古道下车步行。湿漉漉的宽阔青石板道长约二里许，道旁两侧，浓荫蔽空，如入苍黑色的幽寂之境。时或可见古栈道的车辙，使人想象遥远的岁月。行经一座绿苔斑斑的古老石桥，举首可见林木掩映的亭台楼阁，有一组苏州园林格局的建筑紧靠崖壁下，这就是传誉古今的醉翁亭所在地。

琅琊山石阶

醉翁亭在宋朝初建时，其实不过是一座孤立的山亭。史载九百多年前，欧阳修被贬谪到滁州任太守，为琅琊山的秀丽景色所迷醉，在职约两年三个月时间，感怀时事，寄情山水，常登此山饮酒赋诗。琅琊古刹住持僧智仙同情欧阳修的境遇，尤钦佩他的文才，特在山腰佳胜处修筑一亭，以供太守歇脚饮酒。欧阳修时年仅四十，“自号曰醉翁”，即以此为亭取名“醉翁亭”，其传世之作《醉翁亭记》盖出于此。

雨中走向醉翁亭，恍如进入古文中的空灵境界，有一种超越时空的幻异感。过了古桥，骤闻水声大作。原来连日多雨，山溪水势湍急，水花银亮飞溅。小溪流绕过一方形石池，池水清澈澄明，此即欧阳修文中所说的“酿泉”。掬水试饮，清甜无比。不知道这立有碑刻的“酿泉”是否即太守酿酒之泉。

将近千年以来，沧海桑田，历经变迁，最早的醉翁亭只能存于欧文之中了。然而，山水犹在，古迹犹在，醉意犹在。人们是不愿《醉翁亭记》中抒情述怀的诗画美景在人间消失的。

想必是为了满足远道而来访古寻幽者的愿望，现在的醉翁亭发展为“九院七亭”，又称“醉翁九景”，都是历代根据欧阳修文中的某些意境拓展兴建的，远非曩时“太守与客来饮于此”的山野孤亭可比。例如门楣上题着“山水之间”和“有亭翼然”这一类小院，其名皆取自欧阳修文。这组建筑中，多半又以“醉”与“醒”为主体，后者如“醒园”和“解醒阁”，似乎欧阳修常常喝得烂醉如泥，非醒酒不可。其实未必如此，这位太守自己说得很明白——“饮少辄醉”“颓乎其中者，太守醉也”，我看都是一种姿态。他的本意“在乎山水之间也”，即使带有一点醉眼朦胧中看人生世相的意味，实际上也是十分清醒的。

今之醉翁亭位于正门的东院，是一座典雅的飞檐亭阁。亭侧的巨石上刻着篆书的“醉翁亭”三个大字，碑石斜卧，宛然似呈醉态。斜风细雨，在亭内亭外徘徊良久。旋即到亭后的“二贤堂”。这“二贤”有几种说法，一种较为可信的说法是指欧阳修和苏东坡。这里有一座新塑的欧阳修高大立像。屋外漫步时，忽然觉得，有些古迹还是“虚”一些，回旋的余地大一些，更能激发思古之幽情，归根结底这也是爱国主义的感情，我如是想。

从“二贤堂”向西至“宝宋斋”，进入明建砖木结构的狭小平屋。屋内有两块青石古碑，嵌于墙垣之间，高逾六尺，宽约三尺。两碑正反面刻着苏东坡手书的《醉翁亭记》全文，每字足有三寸见方。“欧文苏字”，勒石为碑，稀世珍宝，何等名贵！然而在那灾难的十年间，竟有愚昧狂暴之徒以水泥涂抹古碑上，铁笔银钩，几不可辨。这两块巨型碑石，既是历史文明的见证，又是野蛮年代留下的印证。游人驻足而观，无不为之长叹。虽然近年来另建六角形仿古“碑亭”一座，将“宝宋斋”中的古碑加工拓印后另立碑石于此，然较之原件逊色多矣，成为永远无法弥补的缺憾了。

首届“醉翁亭散文节”开幕式的会场，设在碑亭后侧的解醒阁内。解醒阁是仿明代建筑，与醉翁亭各处一端，一醉一醒，遥相呼应。是日也，来自南北各地的散文同行们济济一堂，大有为散文事业扬眉吐气之感，是一次难得的盛会。有几位老朋友未能如期赴会，未免遗憾。会上相继发言时，我只管眺望廊檐外的美景。琅琊山的层林幽谷，浓淡深浅多层次的绿色，在烟雨迷离中化为漫天绿雾，令人目迷神驰，酩酊欲醉。忽发奇想，这次冒雨游醉翁亭，上溯近千年，当人们追踪当年欧阳修在琅琊山与民同乐的游迹，岂不是介乎时醉时醒或半醉半醒之间，才能约略领悟其中的况味吗？

醉翁亭院墙外，迎面一片森森然的参天古木，树冠巨大如华盖，俯临着奔流不歇的山溪。据植物学家鉴定，这片榆树迄今只见于琅琊山上，人称“琅琊树”或“醉翁树”。我以其树名寓有纪念意义，随手采撷一片树叶带回来。

何为（1922— ）

浙江定海人，散文家、剧作家。有散文集《青弋江》《织锦集》《小姑窗集》《何为散文选》《北海道之旅》等。

【今作】

《醉翁亭记》的文学价值

◎管 笛

整体来说，《醉翁亭记》的文学价值主要表现在以下几方面：

一是文章结构严密如金。《醉翁亭记》虽然是篇散文，但是散而不乱，其组织结构就像金子一样，不仅总体结构完整，而且具体布局上也条条合理，表里如一，顺时记叙，层层递进，环环相扣，步步为营，一“乐”相串，字字酌定，甚至达到一个字不能多、一个字不能少、一个字不能改的地步。近千年来，任凭世人对它作何分解或捽打，至今仍叫你搬头不动、搬尾不动、针插不进、水泼不进，真可谓岿然自固、严密精致，这在中国历代名人名作中也是少有之作，因而被后世传为宝。

二是文章词语精美如玉。天下文章的用词就像石头一样繁多，然而石与石也不一样，其中温润有光泽的美石叫玉石。“玉”是人们心目中最贞洁最美好之物。《醉翁亭记》虽然是件文学作品，但其文辞却是十分精炼的，它既平易自然、通达流畅，又凡而不俗、精而无瑕，

醉翁亭石刻

醉翁亭

既不妖艳浮华空泛，又温馨实在动人，真可谓璞玉之美也。

三是文章情真如流水。世上作文尤其是散文作品，当以情真意切的有感而发为可贵。而动情的作品就像自然界的流水，过平川坦坦荡荡，逢坎坷蹦蹦跳跳，即使有人朝其身上泼污，它也要极力将污物旋沉水底，最终以清白的自身而流向大海。《醉翁亭记》的创作又何尝不是如此呢！欧阳修少年时即立德修身为君子，志在尽忠报国为天下，可是为官后却屡遭奸邪谗诬打击，而他愈是在最困难的时刻，愈是要唱最快乐的心歌，这就是效法孟轲所谓“忧喜不动于心”的大智大勇作为，始终保持不失君子之大节。苏轼在《次韵王滁州见寄》诗中说“君看永叔与元之，坎坷一生遭口语”，只因欧王二人“丈夫自重贵难售，两翁今与青山久”。曾巩在滁州写的《醒心亭记》中更是谆谆告诫后学，要知欧公的“难遇”才能更好地了解他的“乐”因。有人不明白欧、曾、苏的真情话，反而把《醉翁亭记》中之“乐”误解为“忧”，这是不懂得“流水遇坎坷即欢笑”的自然之理也。

四是文章道统重如山。欧阳修说：“我所谓文，必与道俱，见利而迁，则非我徒。”（《苏东坡全集·后集卷十六·祭欧阳文忠公文》）这里所谓的“道”，是指文章的思想内容，亦即他做人的道德准则。也就是说，欧公不仅主张文要以情动人，而且还要让人明事理、知是非、做好人，这与那些卖文又卖名、卖身又卖魂的人是有本质区别的。欧阳修始终有个立德修身为君子的志向，尤其是在那“廉耻道缺，而贪冒成俗，风化之薄久矣”的当时，他经常以“孤拙之姿，不求苟合于世”，宁愿受贬谪，也不去阿谀奉迎，自以“守道德，惜名节”，退则独善其身而自乐，《醉翁亭记》正是作者这种思想的集中体现。

黄梅一曲天仙配

安庆

【图说】

安庆位于长江下游北岸，是国家历史文化名城，南宋置安庆府，清及民国为安徽省治所。

东周时期安庆是古皖国所在地，安徽省简称“皖”即由此而来。东晋诗人郭璞曾称“此地宜城”，故安庆又别名“宜城”。

安庆是桐城派文学和黄梅戏的发祥地。徽班领袖程长庚融昆曲、汉调等剧种之长，创造了国粹艺术——京剧，被誉为“京剧鼻祖”。安庆籍的现代文化名人有：爱国宗教领袖赵朴初、“两弹元勋”邓稼先、美学家朱光潜、小说家张恨水等。

【走读】

记忆里的安庆

◎颜　回

我的老家在安庆一带长江边上的圩区，这里原本一片汪洋，后来修了江堤，将水挡在外面，低洼的地方就变成了肥沃的农田。13岁那年，我考取一所师范学校，9月中旬的一个清晨，从家乡小河的柳荫下坐上机动船，后改乘小轮船经皖口来到安庆。那是我第一次进城。

大观亭与振风塔

那一年秋天似乎来得很早，秋雨连绵，江天一色，昏黄黯淡。我走上船舷，静静看那奔流的江水，不到一小时，就看见了影影绰绰的振风塔。我随着人流走向码头，上岸，又转往车站改乘汽车，赶往学校所在地的另一座城市。

那时只觉得人多和可怕的陌生，还有远离故乡的不安和焦虑，根本来不及欣赏这座古老的城市。从那以后，安庆便是我外出中转必经的城市。之后，在等车等船的空闲时间，我便根据纸上的记载，学着去寻幽探胜。

大观亭

我在《浮生六记》里曾读过沈复写安庆大观亭的一段文字：

是年九月，余……赴四川重庆府之任，溯长江而上，舟抵皖城。皖山之麓，有元季忠臣余公之墓，墓侧有堂三楹，名曰“大观亭”，面临南湖，背倚潜山。亭在山脊，眺远颇畅。旁有深廊，北窗洞开，时值霜时初红，烂如桃李。

《浮生六记》是沈复的传世名篇，主要写这位才子的爱情故事以及由爱情带来的坎坷经历，文笔极为优美。大观亭虽只是他“浪游记快”的一鳞半爪，却给了后世读书人发思古幽情的机会。

100多年后，郁达夫来安徽法政专门学校（现安庆师范学院址）任教，在此期间，他以安庆老城为背景，写了三篇小说。其中最出名的《迷羊》，故事就是从大观亭开始的：

原来这大观亭，也是A城的一处名所，底下有明朝一位忠臣的坟墓，上面有几处高敞的亭台。朝南看去，越过飞逸的长江，便可看见江南的烟树。北面窗外，就是那个三角形的长湖，湖的四岸，都是杂树低冈。那一天天色很清，湖水也映得格外地沉静，格外地蓝碧。

男女主人公的初次相见是这样的：

中间那个穿蓝素缎的，偶然间把头回望了一望，我看出了一个小小椭圆形的嫩脸，和她的和同伴说笑后尚未收敛起的笑容。她很不经意地把头朝回去了，但我却在脑门上受了一次大大的棒击。这清冷的A城内，拢总不过千数家人家，从未见过有这样豁达的女子，这样可爱的少女，毫无拘束地，三五成群，当这个晴和的午后，来这个不大流行的名所，赏玩风光的。我一时风魔了理性，不知不觉，竟在她们的背后，正厅的中间，呆立了几分钟。

郁达夫，我少年时就觉得他十分亲近，所以读了他以我身边小城为背景的小说，就更想到大观亭看看，凭吊作家那份没有善终的情感。不过，故事的结局不是少年人所关注的，传奇才是我的向往，因此私心里也希望游览大观亭时有类似的奇遇。可惜，大观亭已不复存在，承载这份热情的少年梦也就无从实现了。

幸好，还有振风塔。

人们往往是先从口耳相传或者从纸上认识这个世界的。我很小就听说安

振风塔

庆有座“宝塔”，路过安庆第一眼看到的标志建筑也是它，因为它在江边码头附近，“塔影横江”原是这座城市的主要景点之一。不过登塔之先，我对它的感性认识还是来自郁达夫的小说《迷羊》。刚刚走入这个世界的年轻人，面对青春、爱情和渺不可知的未来，谁不是迷途的羔羊呢？

塔在迎江寺里，寺庙是方外世界，但登塔者早就是红男绿女了。

我是和几个闹嚷嚷的男生一起登塔的。情感上没有细腻的体会，又加上恐高，就没有走到塔门口去看长江。但是，我隐隐约约觉得，有一双深邃的眼睛在时空深处打量着我。迈入青年门槛的人，大都会这样自作多情吧。未经爱情洗礼的人生是没有意义的，没有恋人眷顾的生命是苍白无力的。虽然那时我并没有现实的恋人，但是在心灵的远景里，我知道一定有一双这样的眼睛，透过茫茫江面，清澈地与我对视。

皖口与长风沙

皖口，是皖河入长江之口，在安庆城西。今天的皖口只是一个渔村小镇，但历史上曾是军事重地，公元228年，孙权、陆逊歼魏将曹休万余兵马就在此地（事见《三国志·吴书》）。距岸十多米的河床上有古城墙遗址，枯水期可见古城墙基脚，当地百姓早年挖起的古城墙砖上还刻有“太湖县”“望江县”“潜山县”等字样，有的城墙砖上甚至刻着人名。这一点很像南京明城墙和明孝陵上的方砖。

对皖口本身，我没有太多印象，只觉得是城郊的一个相对荒凉的地方。后来，读到李涉的《井栏砂宿寓夜客》，不免多了一份注意。

李涉是中唐太学博士。长庆二年（公元822年）春天，他经皖口到九江看望他在那里当江州刺史的弟弟李渤时，途遇盗贼，写下这首诗。事见辛文房《唐才子传》：

（李涉）尝过九江皖口，遇夜客，问何人，曰：“李山人。”豪首曰：“若是，勿用剽夺。久闻诗名，愿题一篇足矣。”涉欣然书曰：“暮雨潇潇江上村，绿林豪客夜知闻。他时不用逃名姓，世上如今半是君。”大喜，因以牛酒厚遗，再拜送之。

诗人半路遇到劫匪，本来是“秀才遇到兵，有理说不清”，谁知盗贼听到诗人的名字后立马放弃抢劫的念头，转而索要诗句，得到题诗后，如获至宝，还用牛肉美酒款待，深情款款作别。那时的盗贼有这么高的文化修养，而诗人的声名远播若此，真是让人感叹。这不是刀光剑影的江湖，简直是谈诗论道的雅聚。这一切，如今哪里能寻得到？

不单是爱情能激发人类对美好事物的追求，那种不论出身的知己相赏之情，也是人生最为难得的快意。从振风塔到皖口，一切留在纸上的记录，都在向我们暗示着什么。

最后说一下长风沙

有 4 年的时间，我从西边的小镇坐船到安庆，再从安庆顺江而东去上学。安庆东边的江上便是长风沙。我每次来去都经过长风沙。有一次，雪后初霁，我坐着一艘只能搭乘二三十人的小船。经过的江岸，几十里连绵盛开着雪白的芦花。雪堆积在芦苇根部。我坐在船头，手里拿着川端康成的《雪国》，任寒风扑面，我一面看着书上沁凉的文字，一面接受雪后江风的吹拂。那时，我终于知道了川端康成笔下“大脑像水洗一样”那句话的意思。

这个地名因为李白的《长干行》而为人熟知。青梅竹马两小无猜的一对，长大后男子要外出谋生，从故乡南京去往巴蜀之地，给家中女子留下了太多的悬想。相思成灾，女子发下了傻傻的心愿：心上人啊，你若从巴山蜀水往回赶，我一定要去迎接你，我要从南京的长干里赶往安庆的长风沙。——每次读这首诗，我总担心这个痴情女儿一路该多么艰难。这中间可是 700 多里水路，你一个人怎么走啊！

如果说郁达夫在大观亭内的多情瞻望，引发了我知慕少艾的心理；他笔下的主人公在振风塔上开始的初恋，让我面对茫茫江水，产生了个体生命存在于宇宙间的深刻寂寞感；那么，皖口的传说，让我多了一些理性的思考，惺惺相惜的故事尚且能慰藉陌路英雄，绿林豪杰的相赏相惜更让寂寞人生倍感温暖；而长风沙的渺渺痴情又让人艳羡不已。

20 多年过去了，我从长风沙继续往东漂泊，如今十分巧合地卜居长干里附近。苍黄的江水连接了长风沙与长干里，也将一个人的青春记忆从岁月深处打捞上来。只是，无论是在长风沙，还是长风沙上游的故乡，都没有一个真实的生命让我热切地呼唤：相迎不道远，直至长风沙。

【胜迹】

游览建议路线

西风禅寺 → 振风塔 → 天柱山 → 长风沙

安庆及周边名胜分布示意图

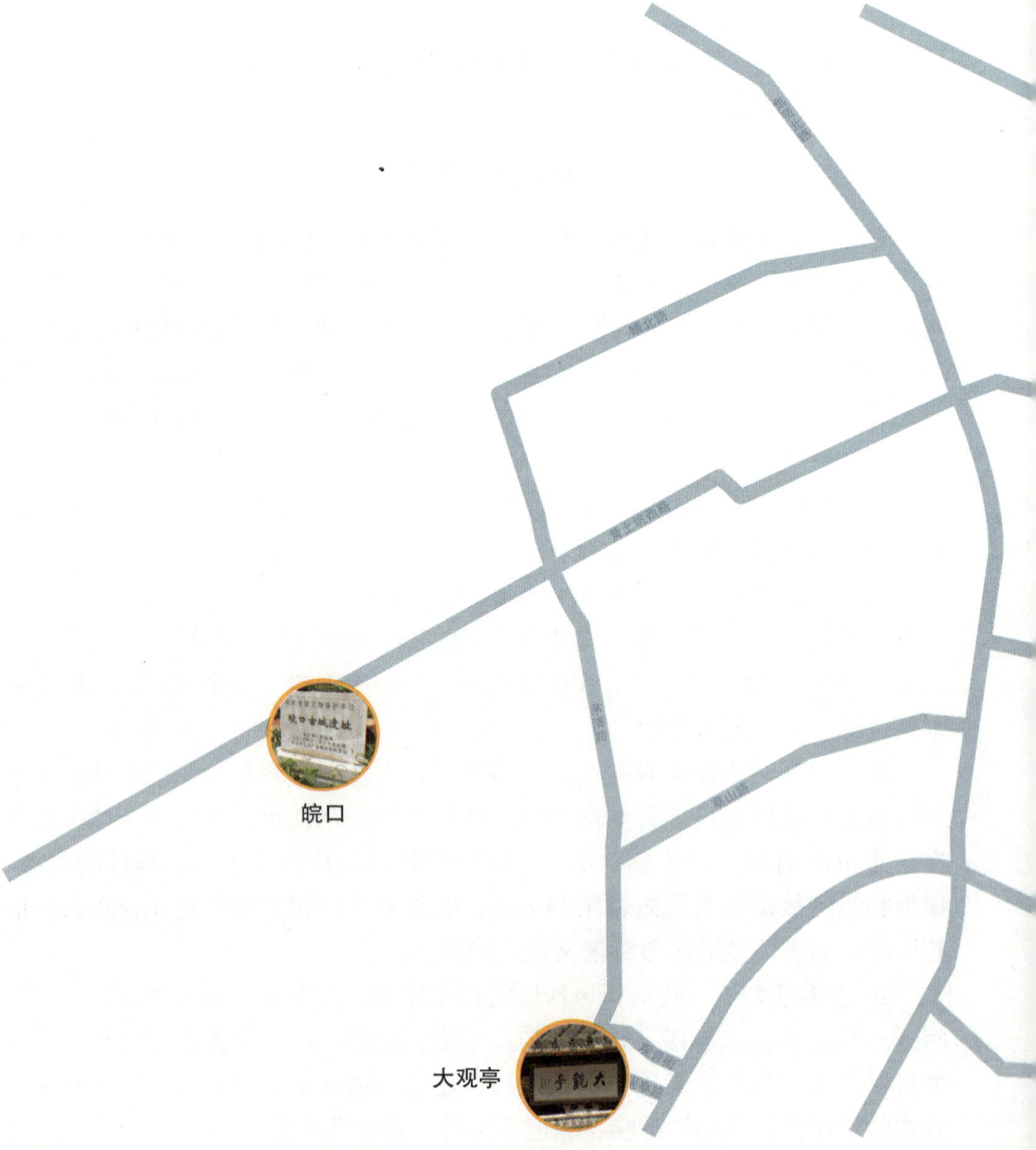

迎江寺　　司空山

过皖口

【宋】王安石

皖城西去百重山，
陈迹今埋杳霭间。
白发行藏空自感，
春风江水照衰颜。

王安石 像

长干行（节选）

【唐】李　白

妾发初覆额，折花门前剧。
郎骑竹马来，绕床弄青梅。
同居长干里，两小无嫌猜。
十四为君妇，羞颜未尝开。
低头向暗壁，千唤不一回。
十五始展眉，愿同尘与灰。
常存抱柱信，岂上望夫台。
十六君远行，瞿塘滟滪堆。
五月不可触，猿声天上哀。
门前迟行迹，一一生绿苔。
苔深不能扫，落叶秋风早。
八月蝴蝶黄，双飞西园草。
感此伤妾心，坐愁红颜老。
早晚下三巴，预将书报家。
相迎不道远，直至长风沙。

李白 像

大观亭联句

【清】李振钧

秋色满东南，自赤壁以来，与客泛舟无此乐；
大江流日夜，问青莲而后，举杯邀月更何人。

（“秋色满东南”取自米黻《垂虹亭》诗句“垂虹秋色满东南”，“与客泛舟”出自苏轼《前赤壁赋》“壬戌之秋，七月既望，苏子与客泛游于赤壁之下”，“大江流日夜”辑自宋郑梦协《八声甘州》词句“大江流日夜，客心愁、不禁晚来风”，“举杯邀月”化自李白《月下独酌》诗“举杯邀明月，对影成三人”）

【名篇】

江流碎影

◎ 毕家龙

长江，在这里拐了个弯。

安庆，就在这弯弯上。

20世纪50年代，我家住在高井头，往南，是小南门；往北，下坡是三步两桥；往西，是大二郎巷。长江恍若在我窗前流过，我枕着涛声入梦，多少童年的梦，溶在大江的波涛里。

多年未亲近长江了，闲春某天，晚饭后，我独自兀坐在江边寻梦，任夕晖慢慢幻化为黄昏，任黄昏悄悄抹去朦胧，任夜色轻轻拭去我记忆的浮尘……

儿时，妈妈为我们下江洗衣，总是一臂挎着个大篮子，一臂挎着个小木桶，手上还拿着个小篮子。从江边洗完回来，常常天还没亮。如今，妈妈长眠去了，母爱还沁润在心，我深情凝视喋喋水岸，不知哪块石头曾是妈妈洗衣

长江流水

江景

的铺子？

儿时，家里还没有自来水，我在江边挑水。

一个大水桶，汲满约有小百斤，浑浑的江水，要在缸里打矾，使之清澈后才能饮用。后来，有了公用自来水，水龙头就在光荣旅社边，有专人卖水，一分钱一担。下晚挑水，水桶排队一只接一只，卖水的人在水龙头接出约一米的竹管，搭在桶沿，放满一桶，“嗒”，把竹管移到下一桶。有时排队的水桶有几十只，咚咚哐哐，蔚然一景。再后来，自来水装到了一家一户，就不用挑水了。

儿时，夏天在江里洗冷水澡（那时没人说游泳）是最快意的事。从大南门下水，并不要费力划，只需用两脚随意踩水，不一会儿，就在水师营上岸。几乎每年都会淹死几个小孩，但每年江边嬉水者依然人山人海。家长没法子，只好在孩子的脚底写字，一下水，字没了，回家挨揍。上有政策，下有对策，孩子在脚底贴橡皮膏，洗完冷水澡撕下来，字迹完好无损，可以蒙混过关。

儿时，小城人出行，首选长江大轮。以儿时浅陋的见识，觉得大轮在江里行走，很是壮观，尤其是夜间，远看轮船一片灯火，闪闪烁烁，像是一座移动的水晶宫。

常听大人们说下水、上水，不懂。后来慢慢知道上水是逆流，下水是顺流；再后来慢慢知道下水连着上海，上水连着武汉。儿时，遐想着下水的上海，

江景

上水的武汉，都是遥远神秘的远方。

那年头，还不兴旅游，人们很少出远门。出远门还要开介绍信，在单位由单位出，没单位由所在街道居委会出，否则，在外就住不上旅馆。另外还要很麻烦地换粮票，粮站根据你的行程，批了再批，才能换上全国粮票，否则，在外面就买不到吃的。那年月，全国唯一吃饭不收粮票的地方就是大轮上的餐厅，可见乘大轮的待遇之高。于是三年自然灾害时期，就有吃不饱的人在大轮上磨蹭，武汉——上海，上海——武汉，往往返返，赖着不下来，图个吃饭不收粮票。

大轮有着很好听的名字：江新、江申、江汉……

后来，改为东方红一号、东方红二号、东方红三号……也很好听。

出行的旅人熙熙攘攘地在码头等大轮，有眼尖的突然一声喊："来了！"下水大轮在拐弯处的"杨家套"刚刚露头，像一只蠕动的小甲虫。旅人们随即一阵骚动，纷纷把行李该背的背好，该提的提好，孩子该牵的牵好，该抱的抱好。下水船很快，约半小时，汽笛长啸一声："呜——呜——呜——"接着在江心转180度的弯，划一个漂亮的弧，缓缓地逆水靠趸船了。而上水大轮则贴着宝塔的边，慢慢爬上来。船上岸，上身穿救生衣的船员一阵忙碌，抛缆绳拴缆绳绞缆绳，几声清脆的口哨："嘟嘟，嘀——"大轮缓缓泊岸。

长江枯水期，江水退到老底下，水色较清。长江汛期，水流湍急，如万马奔涌，水色浑浊，江水一直要疯涨到防洪墙。如今，防洪墙美化了，塔影横江处，更是新添大桥襟江。

春水拍岸，夜露湿衣，我悄然离开江边回家。

【今作】

安庆

◎ 钱红丽

是一闪念间，决定去安庆的，也是一贯感性生活的不计后果。最直接的诱惑，来源于安庆一个叫“吴越茶楼”的所在，那里每夜都有正宗的黄梅戏。当初，我是错听成“午夜茶楼”的。同行的人虚拟了这座茶楼所在的位置，说是可以吹到江风。我开始想象，一定是在江边的，露天的，灯影摇曳，茶水小生步履轻盈穿梭来去，胡琴竹板，呀呀咿咿，三百年前睡去的声音都活过来……

于是，也就随着去了。汽车奔驰，沿途的村落剪影，一切均是熟悉的，小河，水塘，鸡鸭，牛犬……群山衔着群山，一幅幅苍绿泼墨，上面是淡青的天……甚至闻得见血脉的腥味。好几百年前，设立安徽郡，都会便是安庆。坐在颠簸的车上，海子的诗鸽子一样扑楞楞在眼前飞：

家乡的风，家乡的云
睡在我的双肩……

安庆管辖的县之多，可能是安徽之首。同行的四人中，有两位是望江的，我是枞阳。这两个县都隶属于安庆。

或许是年岁的缘故，愈到后来，愈能在粪堆里看出玉雕来。可不是，在我少年的眼睛里，黄梅戏就是一砣粪堆。应该是梅雨季节，所有

的农活搁置下来，我外婆和我妈妈两个女人坐在堂屋缝缝补补。那时，家里已经有了一台收音机，放的就是《天仙配》。最令我不耐烦的是我妈妈这个女人，她竟然跟着严凤英一起撇腔撇调地卷起舌头唱：我本居在蓬莱村……间或晃一晃脑袋。我迅速以鄙弃的眼神瞥一眼她的后脑勺，决然离开，冒雨去别家串门。

天晴的时候，站在我们学校的山岗上，可以望见安庆城区的振风塔。也就望望而已。语文老师师范毕业，与我们相比，算是见过一点世面的。一次，他带领我们去另一座更高的山上春游，也不忘刺激我们用功读书，站在山巅，手指振风塔，他许我们一个未来——将来考学出门，就可以去到安庆看振风塔了。而今，惊觉那想象力如“泡桐花一样贫穷”的乡村生活，多么不堪回首——我们的一生，尚且仅仅是，就为了去安庆看振风塔？

十几年以后，兜兜转转里，我来到安庆时，却并非为了看望振风塔，而是去听她的黄梅戏。黄梅戏在我现在的年岁，就是一只玉雕。去晚了，吴越茶楼里坐满了客人。台上，一位酷似马兰的女子正在清唱，她白净的脸上，搽了胭脂，双眸如雾如幻，十指如飞天，在空气里跳舞，一顺儿的怡人端庄。我坐了下来，一曲接一曲。后来，有了胡琴，百倍的婉转柔肠，寸寸断断，裂帛撕绢一般，光阴且走且失，如流水落花，一忽儿便远去了，留不住的，是伸手抓不住的岁月，眼望着自指缝间漏下，不见。没有灯笼和蜡烛，也没有风，可是，有一种东西在我心里熄灭，连同惶惑与梦想……我仿佛看见了未来和几茎灰白色的乱发纷披在额前……海子有一首诗——《给安庆》：五岁的黎明 / 五岁的马 / 你面朝江水坐下 / 四处漂泊 / 向不谙世事的少女 / 向安庆城中心神不定的姨妹 / 打听你 / 谈论你 / 可能是妹妹 / 也可能是姐姐 / 可能是姻缘 / 也可能是友情。

这首诗可能是有所隐喻，一直不大懂得它的内核。

而每一位异乡人，又何尝真正懂得过安庆的内核呢？一座城市在那里，所有的人都是过客，所以不懂得，也不必懂。犹如我去安庆不过是为了听听她的黄梅戏，奢谈其他，都是枉然。

曲终人散，回酒店，已是深夜，饥饿感蚊子一样挥驱不散，与女伴又下楼来，搭车去夜市，吃煎锅贴，喝一碗米粥，安庆地区特有的扑面米香，在阔别几十年以后又回来，仿佛一世界的喜悦都挑在了我的担子上，阔朗，无际。

江城五月落梅花

武汉

【图说】

武汉简称汉，湖北省省会，位于江汉平原东部，是华中地区最大的城市。世界第三大河长江及其最大的支流汉水横贯市区，将武汉一分为三，形成武昌、汉口、汉阳三镇隔江鼎立的格局。

唐朝诗人李白在此写下"黄鹤楼中吹玉笛，江城五月落梅花"的名句，因此武汉又称"江城"。清代末期及民国初期，武汉经济繁荣，有"东方芝加哥"的美誉。

武汉最为著名的名胜有：江南三大名楼之一的黄鹤楼、国家级风景区东湖、历史悠久的归元寺和高山流水觅知音的古琴台等。

【走读】

烟波江上叹茫然

◎宗　蓓

编钟玉磬，清响悠悠，自荆楚走出的三闾大夫，终以沧浪之水濯尽一生悲欢。而泱泱中华的爱国意识，却从此扎下深根。

“黄鹤楼中吹玉笛，江城五月落梅花。”一管孤笛吹过千年，当黄鹤楼由吴国的水军训练基地变为著名的登临景点，便注定了历史的尘埃终将散去，留下的，唯一樽还酹江月的记忆而已。

再后来，江城的名字，湖北省会，九省通衢，华中地区政治、经济、文化中心——喧闹纷繁的都市文明，终究融合在这样博大的时代故事中。

茫茫中国，这样热情奔放，却又诚恳固执，

黄鹤楼→

唯武汉而已。

从小就知道，沿着蜿蜒的长江有一座名为武汉的城市，从地图上看，终究也不过一个不大不小的红点，和其他的省会城市一样，没什么特别的地方。直到很久以后，真正融入其中时，才慢慢发现，所有平凡表象后埋藏的，一样是姿态万千。

黄鹤楼近景

武汉很大，四通八达，大到让人觉得茫然；武汉人生性外放，骨子里却执着于悲剧，放歌或狂哭之后，剩下的都是茫然；一桥横跨，长江到了这里显出水势汤汤，烟雨中的龟山蛇山，雾霭茫茫。

荆楚之地有名楼，清江日暖入晴秋。烟波浩渺，谁占一方胜景？黄鹄矶上，崔颢诗传千秋。

江南三大名楼中，滕王阁因王勃的华彩篇章而不朽，岳阳楼则在范仲淹的笔墨下境界尤高。而黄鹤楼，古往今来，写到它的诗词共一千七百多首。唐代的著名诗人李白、白居易、杜牧、王维等人都写到过黄鹤楼，但最终家喻户晓、耳熟能详的，却还是崔颢的那首七律——《黄鹤楼》。

其实那楼本身也就是平平无奇，不过一座四边套八边形的九层高楼，明黄琉璃瓦，飞檐老铜铃。登斯楼也，也未见得就有什么锦绣河山的好风景，隔着汤汤江水，看着老汉口陈旧破落的民居——失望是自然的。但没有办法，这是个商业的时代，想想连雷峰塔都被砌成金碧辉煌的模样，将这黄鹤楼掏空了装上电梯，或许也没什么大不了的。

所幸，那些借文字而传承的情感不会被时间空间所消磨，于淡黄的纸卷中恪守沉默，得以永恒。于是千年后的人遥望江水默诵那首号称“唐人律诗第一”的《黄鹤楼》，伴随这长江之水滚滚而去，记忆尘埃漫漫而来，天地便在此间悄然拓宽。

黄鹤楼

崔 颢

昔人已乘黄鹤去，
此地空余黄鹤楼。
黄鹤一去不复返，
白云千载空悠悠。
晴川历历汉阳树，
芳草萋萋鹦鹉洲。
日暮乡关何处是？
烟波江上使人愁。

据传，古时候辛氏在黄鹤山（蛇山）山头卖酒度日。一日，一个衣衫褴褛的老道蹒跚而来，向他讨酒喝。辛氏为人乐善好施，见老道非常可怜，就慷慨应允。以后，老道每日必来，辛氏有求必应。过了一年多，有一天老道忽来告辞："每日饮酒无以为酬，只有黄鹤一只可借，聊表谢意。"说罢他拾起地上的一片橘皮在墙上画了一只黄鹤，对辛氏说："只要你拍手相召，黄鹤便会下来跳舞，为酒客助兴。"随后老道飘然远去。辛氏拍手一试，黄鹤一跃而下，应声起舞。消息传开后，远近的游人都来饮酒，酒店生意兴隆。十年后，老道突然出现在酒店，对辛氏说："十年所赚的钱，够还我欠的酒债吗？"辛氏忙道谢，老道取下随身携带的铁笛，对着墙上的黄鹤吹起一只奇妙的曲子，黄鹤闻声而下，载着老道飞走了。

古琴台一角

古琴台一角

此类典故，真假大可不论，只知如今，乘鹤而去的仙人早已不复，滔滔江畔，徒留偌大一座黄鹤楼，还有渺渺白云，悠悠寂寞千年。

颈联笔锋一转，写到实景，楼头远眺，可见晴川下汉阳城中绿树

成荫，而鹦鹉洲上，萋萋芳草，一片碧青。《楚辞·招隐士》曰："王孙游兮不归，春草生兮萋萋。"梦中总有这样一片青草原，薤露初凝，流萤漫舞，苍穹之下，总有些无声之物，淡看这时光的流逝。

眼望楚天千里，滔滔江水，尾联一笔宕开轻愁无限。

"日暮乡关何处是？烟波江上使人愁。"缱绻笔端字，抒写出一片烟水寂寥。乡关何处？古往今来有多少人曾问过同样的问题。据说，当时的崔颢也并非凑不得一份归乡的盘缠，最无奈的，只是纵然目极天涯，望见的也未必是家。

烟波江上，乡关何处？同样的疑惑流传了千年，习惯于向后看的中国文人依然找不到答案。滔滔江水，落照苍茫，天地间永恒回荡的，只是这白云黄鹤的一曲长歌，还有那失落在无数的细节中，怎样寻觅也苦求不得的理想。

我总相信，彼时崔颢的乡愁，应该是一种形而上的情感，于这茫茫世间踽踽独行时，何处才是让人心灵获得宁静的精神家园？今天的我们，徒有太多的物质文明，于是改造了城市，将萋萋芳草踏平为水泥马路，让无情碧树凋残在混凝土前。晴川阁、古琴台、黄鹤楼，所有的名胜只能由一堵围墙保护起来。多么脆弱可笑的障壁！

登上黄鹤楼，看着这个灰蒙蒙的城市，因为明知道无甚期待，所以也就无所谓失望，只是在最后仰头的刹那，突然间有种莫明被感动的错觉——檐

东湖景区

角的铜铃，在微风中轻轻扣击出声声轻吟。

与黯淡江水相倒映的，竟是如此宽广无垠的一片蓝天。此时流转飞逝的白云，是否会有当时崔颢诗中的那一朵？果然，千载流年之后，不曾改变的，只有这仰首可见的宽阔风景了。

与史郎中钦听黄鹤楼上吹笛

李 白

一为迁客去长沙，
西望长安不见家。
黄鹤楼中吹玉笛，
江城五月落梅花。

多少年后，当人们翻开泛黄的书卷，是否还能透过陈旧的墨迹，窥见昔时五月那蹁跹飞散的朵朵梅花？

一曲《梅花落》，催开了心间的梅魂芳骨。在流放的路上，李白途经武昌，遥遥听见还是那个“崔颢题诗在上头”的黄鹤楼中传来的笛声，悠扬宛转，清越悲凉。思忆蔓延，于是又是乡关何处的永恒质问。倒映在李白眼中的长

宝岛公园

安何等繁华，离去时竟也如此仓促和凄凉。在那之后，山长水阔，且不问家在何方，纵是想再听一曲悦耳动人的《梅花落》，恐怕也只能靠记忆反复地苦苦回想了。

初夏的五月，大唐的黄鹤楼头恍惚绽开了最早的梅花，一朵一瓣，飘落在茫茫流逝的江水之中，伴随着悠扬笛曲，亘古寂寞。时光荏苒，当年黄鹤楼中的吹笛人早不知骨冢何方，唯有那年年斜窗早发的梅花，依旧惦记着遥远而凄凉的歌谣。

作诗调我惊逸兴，
白云绕笔窗前飞。
待取明朝酒醒罢，
与君烂漫寻春晖。

幸而，李白仍是李白，纵然离别，纵然身死，也带着一份落拓潇洒的自在逸兴，这也注定了他不同于若干年前那个自沉汨罗的楚人屈原。在李白的眼底心中，人间处处风景如画，纵是离别，纵是此去经年，说到底又有何妨！槌碎黄鹤楼，放飞的却是本性自由的黄鹤，振翼而飞时，倒不如念一句“待取明朝酒醒罢，与君烂漫寻春晖”，乘醉而去，踏月而归。

其实武汉本身并不是一个有太多伤感气息的城市。这里的人们太热烈，表达也太直接，爱恨如此分明，常常是无暇感伤，便又急匆匆奔赴了下一处目的地。武汉人总是一副急躁的模样，做什么事都讲究一个痛快，一个酣畅淋漓，只是免不了每每在繁华散落后发现，那些隐藏在神采飞扬背后的茫然。

烟波江上终回首，免不了陷落于生命中那些无法回答的质问，终留下无可避免的茫然。

游览建议路线

东湖 · 黄鹤楼 · 木兰山 · 归元寺

武汉及周边名胜分布示意图

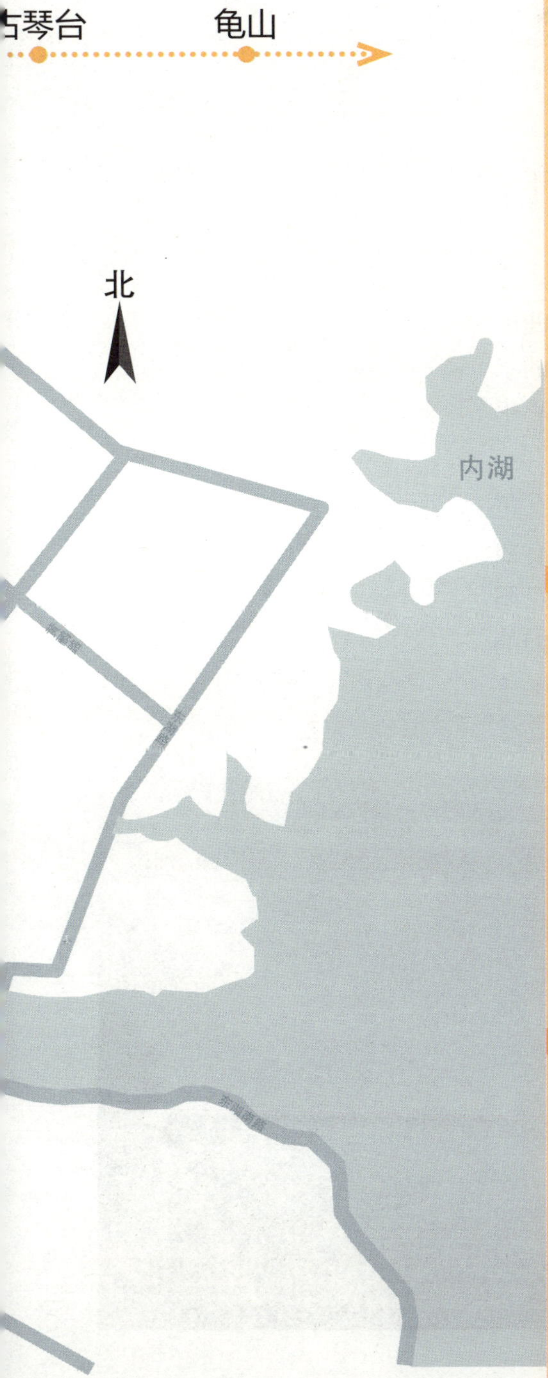

毛泽东像

水调歌头·游泳

毛泽东

才饮长沙水，又食武昌鱼。万里长江横渡，极目楚天舒。不管风吹浪打，胜似闲庭信步，今日得宽馀。子在川上曰：逝者如斯夫！

风樯动，龟蛇静，起宏图。一桥飞架南北，天堑变通途。更立西江石壁，截断巫山云雨，高峡出平湖。神女应无恙，当惊世界殊。

汉江临眺

【唐】王　维

楚塞三湘接，荆门九派通。
江流天地外，山色有无中。
郡邑浮前浦，波澜动远空。
襄阳好风日，留醉与山翁。

王维像

黄鹤楼

【唐】崔　颢

昔人已乘黄鹤去，此地空余黄鹤楼。
黄鹤一去不复返，白云千载空悠悠。
晴川历历汉阳树，芳草萋萋鹦鹉洲。
日暮乡关何处是？烟波江上使人愁。

（苏教版初中语文七年级下）

崔颢像

【名篇】

行云流水的武汉

◎方　方

我想，我们坐在这里来说武汉是最好不过了。

这儿是我最喜欢的一个地方。在这里，你可以看到汉水带着它的明亮，缓缓汇入浑浊的长江。入江口的水线十分清晰，两水激荡的状态，是又排斥又交融的。你细细凝视时，心里会蓦然地生出感动。

在这里，我们可以坐在江堤上，遥看龟蛇两山的行云，倾听长江滔滔的流水。还有白云黄鹤、琴台知音这样美丽的传说和晴川汉阳树、芳草鹦鹉洲这样雅致的典故相伴在我们的身边。虽然它们与我们相隔了几百年甚至一千

武汉东湖

武汉长江大桥

年，可此时此刻，你不觉得它们都近在咫尺吗？诗说，“日暮乡关何处是？烟波江上使人愁”。这诗就是站在黄鹤楼上写的。黄昏的这个时刻，读了这样的诗句，不觉得我心你心还有诗心都是相通的吗？

这一切，对于一座城市都是不可缺少的元素。它们使这座城市韵味绵长，自有一种动人的魅力温暖你的心。坐在这里，我们信手指点，它们便都会从四面八方，从千年万年的时光中，涌来眼前。

当然，我引你来到这里，还有一个重要的原因，那就是，在很久很久以前，我就是沿着这条大江，来到了这座城市。

那是 1957 年一个很冷的日子，我的父亲为了参加长江三峡工程的建设，带领着我们全家溯江而上，从古都南京迁来了江城武汉。三轮车拉着我们来到一个名叫“刘家庙”的宿舍。这里刚刚建起十六栋红色的楼房。

我们搬入了刘家庙宿舍五栋楼上十一号。这个地址我们用了将近三十年。

我居住的这个刘家庙宿舍在汉口的东北方向，人们管这一带也叫黑泥湖。打起仗来，这里是进入武汉的通道。辛亥革命时，民军就曾与清军在这里打过一场大仗。所以，我小的时候，在这里看到过许多的碉堡，它们颓败地立在路边或树林里。

因为武汉曾是古云梦泽的一部分，所以它四周的湖泊星罗棋布。我们宿舍的周边，也到处可见水沟和池塘。它们就是那些萎缩或分解了的湖泊。现

龟山电视塔

在我曾经住过的小楼已经被拆了，四周的湖泊也被填实了。大雨回来时，循着自己的记忆，找不到自己以前流淌的家，就在街上泛滥。而我也跟雨水一样，在这里已然找不到家了。这里的一切都在四十五年间改变了样子。昔日的田园风光早已不在。我住过的那一幢幢红色的楼房，都已拆毁。当年的年轻的意气风发的邻居妈妈们，业已老态龙钟。岁月虽然改变着环境，但它更着力改变着的是人的容颜。环境可以一天天地新起来，而人们却只能一天天地老下去。重新返回这里，我心里多多少少都有些惆怅。

说实话，我的父亲非常不喜欢武汉。他对这座城市的牢骚从来不曾间断过。武汉太脏了，武汉太热了，武汉太俗了，武汉人太凶了。父亲在武汉生活了多少年，这些话就在他嘴里说过多少年。

父亲每天都骑着自行车沿着这条马路上班。他工作的机关当年叫长江流域规划办公室。父亲是这里的工程师。这座红色的办公楼当年我们称它为“老大楼”。父亲一生中最好的年华都是在这幢楼里度过的，但他却并不快乐。政治运动的颠簸使他永远处在惶恐之中。1972 年，他猝死在这里。这是机关的俱乐部，对外又叫长江电影院。父亲为何而死我就不说了，因为说起来则又是一个国恨家仇的故事。需要说的是父亲至死都没有爱过武汉。

我为了父亲在武汉的日子写过两部小说。一部是长篇，是写父亲活着时的状态，书名叫《乌泥湖年谱》；另一部是中篇，是写父亲死时的过程，它叫《祖父在父亲心中》。这座机关大院和这家电影院都在我的小说中出没，它们深深地镌刻在我的脑海里，永远不会消失。

我读书的小学在著名的二七纪念馆旁边。我在这里从幼儿园、小学一直读到初二，总共呆了九年。我们的校园很大，有好几处果园，那是我们最珍视的地方。我少年时代所有的痛苦和欢乐几乎都在这里发生。我在这里最风光的事是小学二年级我便加入了学校的火炬艺术团。我是全团最小的一个舞蹈演员。我跳舞一直跳到了初三，然后改学了扬琴。我在学校里基本上是个名人。

在课余时,我们经常到二七纪念馆去玩。那里的松柏郁郁葱葱,走到近处,我们就无法嘻闹。

二七大罢工，是这座城市非常重要的历史事件。上小学的时候，我见过许多亲自参加大罢工的人。他们对我们讲述林祥谦和施洋的故事。那些英雄的往事，曾经让我热泪盈眶。

不记得是几年级了，我和几个同学埋了一张纸条在二七纪念馆中央一个最大的柏树下，纸条上写着我们的理想，大家相约二十年后再找出这纸条，看看自己的理想实现了没有。我不记得我在纸条上写下的是什么，我只记得少年时代的我最想当的是一名解放军记者。这个理想看来也是永远无法实现的了。

二十年早就过去了，我们没能回来找那张纸条。

二七纪念馆也搬离到了别处。大柏树亦不见踪影。我就读的新村小学，后来改名叫作林祥谦学校，现在又改了回来。只是英雄们还活在我们心中。当年那些老工人讲解罢工过程的神态，在我心里依然清晰可见。

对十武汉来说，长江是一个永远的话题。

如果说武汉是一颗珍珠，长江便是那根串珠之绳，从武汉穿心而过。它在龟山脚下挟带着汉水一起，将武汉的地面切割成为三个大镇：汉口、武昌、汉阳。汉口在北岸，它是著名的商业大镇，大的商场都在汉口，当年武昌的人买件衣服都得搭着船到汉口来买；武昌是文化镇，几乎所有的大学都集中在武昌；汉阳则是工业镇，武汉最老的工厂都在汉阳。这样的格局也不知道是什么人划分的。三大镇皆临江而立，随江流而曲折。因为这个缘故，武汉人是没有什么东南西北的方向感的。倘若有人问路，武汉人的回答多半都是“往上走”或“往下走”。上，便是指长江上游方向，下则是指下游方向。江水对武汉人的影响深入到了骨髓，即便是人们随意的一指，也无不透露着水流的意味。武汉人的性格也就

武汉二七纪念馆

有点像水流一样，无拘无束，自由而散漫。

武汉不像北京、南京、西安曾为国都，因而它也从未成为过中国政治文化的中心，它自古便是商业都市；可它偏偏又不像上海、广州、天津一样，它们虽然也是商业城市，可却因为临近海岸，受西方文化熏染深重，武汉地处内陆深处，洋风一路吹刮到此，已是强弩之末。所以武汉的文化带有强烈的本乡本土的味道，它和弥漫在市井的商业俗气混杂一起，便格外给人一种土俗土俗的感觉。

但幸亏有了长江，是长江使这座城市充满了一股天然的雄浑大气。这股大气，或多或少冲淡了武汉的土俗，它甚至使得生长于此的武汉人也充满阳刚。他们豪放而直爽，说话高声武气，颇有北方人的气韵。

是长江使武汉这座城市的胸襟变得深厚和宽广，是长江给武汉的文化注入了品味，从某种意义上讲，也是长江，塑造了武汉人的性格。这些武汉人中，也包括我。

我的三个哥哥都喜欢横渡长江，他们常常带着一个汽车轮胎便在江水里游来游去。从江北游到江南，曾经也是我的一个梦想，记得读高中时，学校参加市里组织的横渡长江活动，我立即报了名，可惜那一年，我们学校没有女生名额，于是，横渡长江便成了我一个永远的梦想了。我常常想，我对长江的热爱是与生俱来的。仿佛根本不需要说，这份热爱就一直在我心里生长。

所以我觉得武汉市要是没有长江没有汉江，没有两条大江的话就没有什么味道了，就少了，至少就少了很大很大的味道，一半以上的味道都没有了，我之所以特别喜欢武汉，就是因为喜欢这两条大江从城市里穿过。那种感觉你在别的地方都找不到。

其实，武汉的历史，就是人与水斗争的历史，是人进水退的历史。

武汉人外战江洪，内战湖涝，经年已久。这场斗争到现在仍然没有结束。与水争地，在水中筑土为墩，所以武汉遍布以墩为名的地址；遇水架桥，水退过后，地名尚在，所以武汉也满是以桥为名的

汉正街街景

地方；因洪筑堤，为防江洪泛滥，沿江沿河只能修堤挡水，所以武汉以堤为名的街道也比比皆是。武汉最大的创痛也来自水。1931年的大水给武汉带来的灾难，足以让武汉人生生世世不敢忘记。它在一夜间令几十万人四乡流落，也在一夜间使武汉的山头变成孤岛，它使城里的屋顶有如海上浮漂的枯叶，也使市民一天死亡的人数以千计。水落之后的武汉，面对一派颓败的废墟，挽起衣袖，重建家园。于是，几年后，武汉重新回到了它的繁华。

汉正街一角

说起繁华，武汉最初的繁华便是从堤上开始。武汉最古老的街道叫长堤街。长堤街位于汉口。长堤街就像是一幅大画的轴心，武汉的城市画面从它这儿拉起，慢慢地慢慢地舒展开来。于是，有了后来的民主路，有了江汉路，有了民众乐园，有了解放大道，有了建设大道，有了发展大道；也有了无数无数的人，在这画卷上展示自己的爱恨情仇以及生生死死。画卷至今还在舒展，我不知道它的尽头会在哪里。只知道每一年都会有新的画面出现，都会有婴儿诞生，有人逝去。这一切，都是风景。我的小说中许多场景都不可避免地发生在水边，许多人物也都不可避免地出没在已成闹市的堤街或没有流水的桥下。这个都市风景给我的不只是灵感，更是创作的力量和源泉。

武汉人常说一句老话来夸耀自己。他们说：“紧走慢走，三天走不出汉口。”说的就是汉口之大。汉口何止是大！尤其开埠以来，西方银行洋行纷纷登陆武汉。沿着江边圈起租界，盖起高楼。仿照着上海，也形成了汉口的外滩。灯火通明的街景，霓虹灯不灭的晚上，使得汉口颇有灯红酒绿纸醉金迷的味道。繁华的概念便从这些夜夜欢场处处笙歌中透露出来。繁华，再加上处于两江汇合口的位置，武汉表面上颇似美国的芝加哥城。所以，当年人们就管武汉叫“东方芝加哥”。

但是武汉的闻名于世并非是因为它的繁华，而是因为枪声。1911年推

翻清廷的第一枪不是在政治文化中心的北京打响，也不在洋风吹彻的上海打响，甚至不是在革命领袖孙中山的老家广东打响，而是响在大陆深处的商业都市武汉。这粒子弹一经射出，便一下子洞透了几千年的历史，让帝王时代有如多米诺骨牌，从清朝一直倒至大秦王朝。皇帝成为平民，帝王的岁月从此不再，后宫的歌声也从此消失。中国也就被这枪声引领到了一个新的纪元。

我一直奇怪历史怎么给了武汉这么好的机会，使它一夜成就了大名。后来我想起了一个人。

这个人名叫张之洞。很久以来，我都觉得一个人的力量是十分渺小的。古谚云，独木难成林，滴水不成河。这都是说，人呵，你是多么弱小。可是有一天，我从历史书上读到了张之洞，突然间我觉得人的力量有时候是十分强大的，强大得能够塑造一座城市，能够开一代风气，能够改变无数人的命运。1889年，张之洞以湖广总督的身份来武汉走马上任。洋务派人士张之洞有权又有见识，对于武汉来说，有这样的官员已是福气。可这个张之洞偏还喜欢有所作为。这一来，总督府所在地武汉便大得便宜了。地处内陆、经济封闭保守的武汉正是因了张之洞而开始了它生平最大的一次起飞。

张之洞在武汉开办了炼铁厂，为武汉成为中国最大的工业基地做了最初的奠定；张之洞在武汉主持修建了芦汉铁路即后来的京汉铁路，使武汉成为九省通衢之城；张之洞在武汉开办了中国第一家兵工厂，“汉阳造”曾经是中国最为著名的武器；张之洞在武汉大修堤防，使武汉有了今天这样的城市规模，三十四公里长的大堤至今仍屹立在这里，它的名字就叫“张公堤”；张之洞在武汉大办教育，使得武昌的办学之风一时兴起。早期的革命者许多都是由这些学堂书院中走出，包括著名的黄兴和宋教仁等。今天的武昌因了当年的雄厚根基而成为大学林立之地。教育带动着科技的发达，科技则给这座城市的发展提供了莫大的动力。张之洞所做的这一切，用两个字形容，就是“开放”。虽然开放是时代进步之趋势，但在封建的帝王时代，也得要有人领先而为。张之洞就是这样一个领先的人。

有了张之洞在武汉开创的这样一个社会背景，武昌响起摧毁帝制第一枪就不足为奇了。可以说，张之洞当年的政绩至今仍然影响着武汉，而时间却已经过去了百年。

终于有一天，我走进了位于武昌的大学校园。

我所就读的武汉大学的前身自强学堂就是张之洞在1893年与谭嗣同的父亲谭继洵一起开办的学堂之一。这是武汉的第一个专业学堂。它经过百年演变，由方言学堂，到武昌高等师范、武昌师范大学、武昌大学、武昌中山大学，一直到1928年迁入新校址珞珈山下时，定名为武汉大学。

武汉大学校门

倚山傍水的武汉大学在武汉的分量举足轻重。武汉大学是武汉的骄傲。武汉因为武汉大学的存在而陡增了几个法码。试想，若把武汉大学连枝带蔓地抽掉，武汉这座城市都会因此而失重。我曾是武汉大学的学生，我对这座学校的偏爱是毫无疑问的。没有哪一所学校能超过它在我心中的分量。

大学四年的生活在我一生中至关重要。没有这四年的学习，我大概成为不了今天的我。毕业的前夕，我的一个同学对我说，大学生活对我们最重要的并不是学到了什么，而是知道了怎么去学。我觉得他说得非常对。同时，我还想补充一句，这便是，它使我知道了用自己的眼睛来看世界，而不是用教科书、报纸或别人的教导。从这所大学出来后，我便成为了一个不喜欢被人左右，而喜欢独立思考的人。对武汉这座城市的了解，也因为上大学的缘故而得以更加深入。

因为学校在武昌，我家在汉口。为此，每星期我都在这两镇之间来来往往，从武昌到汉口，从汉口到武昌。我穿越武昌最热闹的街道，在江边最早的码头汉阳门坐船。老旧的轮船缓缓地向北岸驶去。我一次次地在江面向这被江水划开的三镇眺望，在这眺望中思索这两江于这城市的意义，也在思索中回味这个城市的一切。

后来，我在学校里写了一首诗，所有的诗句我都忘记了，只记得它的诗名叫作《长江，我的父亲》。这首诗在武汉大学与华中师范大学诗歌创作和朗诵比赛中曾经得过奖项。

许多年许多年过去了，我一直一直地在长江边上的武汉生活着。我在这里读幼儿园，读小学，读中学，在这里当过四年工人后，又在这里上大学，大学毕业后，仍然留在这座城市工作。掐指算来，我已经在这座城市里生活了几近四十五年了。这是多么漫长的一段岁月呵，它走得竟是那样地不知不觉。子曰：逝者如斯夫，不舍昼夜。我的青春岁月差不多也就随着这江水，流走了。

有客自远方来，武汉人最喜欢带着他们四处看武汉的风景。

他们的首选当然是黄鹤楼。平民用它思乡，文人用它抒情，官人用它来显示风水。在这楼上望着浩浩江水，崔颢、李白、孟浩然等诗人们把诗写得极美，这当然是一个不能不来的地方。然后他们会来琴台。俞伯牙摔琴谢知音，高山流水，这是何等美丽的传奇。这也是一个不能不去的地方。然后他们还会到这碧波荡漾的东湖。世界上没有一座城市的城区中有这么大水面的湖泊，唯有武汉的东湖。东湖沿岸尽显楚文化特色。似乎是想要借风景提示人们记住我们古老的文化之源，也似乎是想要借文化来丰富湖光水色的单薄。但我有时候更愿意带着客人在这样的街上走走。

街道在长江的两岸波浪一样展开着。它们顺着江流的摆动而蜿蜒。所以，武汉的街道很难有一条笔直笔直的。它们悄然地弯曲着，线条就像河流一样柔和。街上的人们或脚步匆匆，或自在悠闲。走进这些几近百年的里巷，看着这万国旗一样飘动的衣裳，听着那浓烈硬朗的汉腔，或许会有热情的武汉人为你端一碗莲藕排骨汤，也或许会有坏脾气的武汉人对你大喝一声：搞么事撒？！这里没有自然风光的纯净，却有人间烟火的温情。其实，武汉人才是武汉最大的一道风景。

在我很小的时候，曾经听过本土艺人敲着一节竹筒般的乐器演唱。那就是渔鼓。随着它的嘭嘭声而发出的唱腔至今仍令我觉得惊异无比。它的唱词常有几分幽默，也有几分俗气，但它的音调却包含着十分的苍凉且夹杂着丝丝的幽怨。我在写小说的时候，耳边经常会响起少年时代听到过的渔鼓。有时候我想，武汉的味道，是不是就是渔鼓传达给我们的味道？

一家杂志评说全国城市，评到武汉头上，说它是最市民化的城市。我想这评价大约有它的几分道理。我甚至猜测那些评论者们在武汉度过夏天，并与武汉人一起度过夏天那酷热而漫长的夜晚。这是武汉最独特最世俗的一道景致。

湖北乃千湖之省，而武汉几乎就是百湖之市。武汉的周边一百多个湖泊在夏天的夜晚把它白昼大量吸入的热量尽情地释放。而武汉远离大海，海风隔着两个省吹刮过来，本来就已呈弱势，偏还加上武汉东南之幕阜山临门一堵，使得海风叩门而未得入。于是，高温加高湿加无风，武汉的夜晚之闷热难当，可想而知。

只是时代变迁，家家拥有了电扇空调，武汉这样的夏夜几乎绝迹。取而代之的将是与所有大都市面貌相同的灯红酒绿以及夜夜笙歌。

很多时候，我都喜欢独行在这样的街上。我常常会想，这座城市有如一本摊开着的书，长江是它的书脊，南北两岸是它摊开的扉页。而行走的我，穿行在它的街巷中，就仿佛走在它的字里行间一样。我曾经想要努力地去读懂它的每一行文字的内容，努力去参透沉淀在这些文字深处的寓意，努力去看清落在这些字后的阴影，努力去探知这些字后与人有关的故事。我在这样无数次的穿行中成长。成长起来的我深深地明白：有些东西你是无法读懂无法参透无法看清也无法获悉的。你知道的永远只是表面，而隐藏在深处的东西，尤其与人的命运相关的故事，它们多半就终身地隐藏了，隐藏在历史的尘土之下，时光一层层地覆盖着它们，今生今世也无人知晓。

就说这个民众乐园吧。当年它曾经是武汉的大世界。它的这一组建筑独具一格。武汉作为大都市出现在世人的眼里，它几乎就是标志。它曾是武汉文化艺术的中心，武汉本土文化的发展与它丝丝相连，尤其戏剧、杂技和曲艺。多少本地名角从这里走出，多少国内大家在这里出没。这里发出的唱腔和鼓点，曾让多少武汉人欣喜若狂。而

洪山公园

它本身在这百年历史上所上演过的一幕幕一场场也都是惊心动魄曲折回环的大戏。它几乎可以说是武汉兴衰的一个缩影。然而现在，我们看到的它，只是一个充满商业气息的大杂院。商品占领了我们生活中所有的空间，占领了本属于文化的地盘，也占领了本属于历史的地盘。它使得人们的记忆之中，除了商品，再无它物。历史的抹去，实际上是抹去了城市自己的个性，令它像任何一座城市一样，只有一个固定的面孔，你在这张脸上，看不到文化这两个字。

所以，我在这样的街道上走着走着时，看着这些本可记住的历史的消失，望着它们渐渐地陈旧渐渐地颓败渐渐地毁弃又渐渐变成另一种新的模样出现，情不自禁便会有一种宿命的悲哀袭上心来。

街上永是喧嚣的，景观亦鲜艳无比。只是，我们需要的是这份喧嚣和这份鲜艳吗？对于武汉这座巨大的城市来说，我在 1957 年的加盟，只如一滴水掉入这长江中一样，可谓无足轻重；但对于我来说，它就几乎塑造了我的生命。也就是说，我之成为今天的我，挖去了这座城市，我便什么都没有了。可是在很长的时间里，我却并没有意识到这一点。许久以来，我都固执地认为我是不喜欢这座城市的。我总是想要离开这里，总是觉得远方有更美好的地方在等着我。

武汉长江夜景

古琴台

但1986年的冬天，改变了我的想法。

在这个离家的冬天，我觉得我已经叛变了父亲对我的灌输。我对这个城市不再有厌恶，相反，我有的倒是由衷的喜爱。或许与其他许多城市相比，它仍然是一个有着无数毛病的地方，可是因为我在这里成长，或者说，在我成长的同时，我也看着这座城市成长。我们共同地迈着步伐，共同地改变自己，共同地走向成熟，我们知己知彼，相知已深，因此，这座城市对于我，就有了全然不同的意义。

我有时候也会问自己，跟世界上许多的城市相比，武汉并不是一个宜人之地，尤其气候令人讨厌，那么我到底会喜欢它的什么呢？是它的历史文化，还是它的风土人情，亦或是它的湖光山色？其实，这些都不是，我喜欢它的理由只源于我自己的熟悉。因为，把全世界的城市都放到我的面前，我却只熟悉它。就仿佛许多的人向你走来，在无数陌生的面孔中，只有一张脸笑盈盈地对着你，向你露出你熟悉的笑意。这张脸就是武汉。

所以，当我开始写小说时，这座城市就自然地成为了我的作品中的背景。闭着眼睛，我就能想象出它曾经有过的场景。它的历史沿革，它的风云岁月；它的山川地理，它的阡街陌巷；它的高山流水，它的白云黄鹤；它的风土民情，它的方言俚语；它的柴米油盐，它的杯盘碗盏；它的汉腔楚调，它的民间小曲。如此如此，想都不用去想，它们就会流淌在我的笔下。

古诗云，相看两不厌，只有敬亭山。武汉就是我的敬亭山。

方方（1955—　　）

本名汪芳，1955年生于南京，1978年考入武汉大学中文系。现为中国作家协会全委会委员，湖北作家协会专业作家。已出版小说、散文集50部左右，多部小说被译为英、法、日、意、韩等文字在国外出版。其代表作有长篇小说《乌泥湖年谱》，随笔《到庐山看老别墅》，中篇小说《风景》《桃花灿烂》等。

【今作】

武汉的气息

◎林 苇

如果一座城市也有气息，那么属于武汉的气息，肯定不是北京的霸气，上海的圆滑，苏州的精致，杭州的风流，洛阳的内媚，而是带有强烈市井气的兼容。

武汉真的很大，在中国仅次于北京和上海两座城市，它的地理面积不可谓不大，但恐怕找遍全中国，也再没有武汉这样“大而无当”的典型例子了。长江和汉江，将武汉分割成汉口、武昌、汉阳三镇。都说汉口重商业，武昌兴文教，汉阳多工业，看似各有分工，其实也是差距悬殊。

若论风景名胜，武汉有黄鹤楼、东湖、古琴台、红楼等，数量并不算少，但这些景点都和它的城市风格一样，缺少完善的规划管理。

俯瞰武汉

夜色中的黄鹤楼

时至今日，为唐时多少文人墨客们深深眷恋的黄鹤楼已退化成一座夜色下霓虹闪烁的建筑物；伯牙摔琴谢子期的古琴台一直因治安问题而让人不得不皱眉；算来算去就剩下一个东湖，万顷碧波悠然接天，春来新柳拂长堤，夏至荷雁满回塘，秋色染透枫叶霜，冬雪飞漫凌波扬。楚市的日落很美，行吟阁的倒影很美，梅园的木质小桥很美，樱园的白石茶花很美，但美则美矣，却终究缺少了杭州西湖那一份灵气——更明确一点说，应该是人文气。

屈原的冠缨早在千年前就没入了下游的湘水，而今高耸的楚辞碑上，纵然精雕细篆，又能祭奠谁？

既然说到人文，便不能不提到武汉大学的樱花。

一直有个说法，武大的校园是中国最美丽的校园之一，我想这多半还要得益于春尚寒时就已临风绽开的那些樱花吧。武大的樱花大道，樱花城堡，最美在花季尽时，一阵风过，便会掠起万千淡粉柔白的花瓣。那些花瓣在阳光下看来都是剔透的，轻柔曼妙地失落在风中，起舞蹁跹，最终委落于尘泥。行走在这样的樱花雨中，想抑止自己的思绪都变成了一件很困难的事情。很多武大的学生自己却不爱这樱花。其实，在伟大美好的自然造物面前说什么

武大盛开的樱花

民族大义，国耻不忘，于我看来是没什么必要的。草木哪里懂得什么民族国家呢，它生于斯，长于斯，饮的是长江水，开的是楚地花，天生的缠绵多情，心绪飘零，又怎堪以身世得咎？我们看见了一树明媚温柔的花，这样难道还不够吗？

其实客观地说，武汉和南京有许多相似之处。同样是长江流经的城市，同样以梅花为市花，同样种植着很多梧桐树。而我最眷恋的，永远是那些湛碧的梧桐。手掌一样的叶子，在风中微微摇动，阳光透过树叶的缝隙射在地面，是许许多多摇曳的小光斑，多么可爱。不过南京的梧桐叶子更多，看起来更茂密些，而武汉的梧桐就要高挑修长得多。不同的，终究是不同。

最后不得不提的，还是武汉人。如果说风景永远是因为有了人才有了生气和灵气，那么武汉人，就是这样一个最复杂的多面体。

武汉人出名的脾气大。他们在日常生活中积攒了太多的不如意，言辞间就不可避免地带着浓重得有点呛人的烟火气。市井间，商贩聚集之地常常能听到语势磅礴、精彩无比的辩论。然而在这样一个外表背后，藏着的是武汉人对于悲剧的执迷。汉口有一条著名的集庆街，因为池莉的小说而成名。集庆街有大名鼎鼎的十八景，其中就有这“小姑娘卖唱，不哭不算数”一处，非把你唱到哭不可。在今天这个淡薄冷漠的社会，真是稀奇。不过想来也是，在别人的故事里流自己的泪，便仿佛那悲情与我有关了。但其实说到底，还是触景生情，一样心绪。

芙蓉国里尽朝晖

长沙

【图说】

长沙，又称“星城”，湖南省省会，是楚国雄踞南方的战略要地之一，乃3000年楚汉名城，也是近代湖湘文化的策源地，可惜1938年抗日战争期间的“文夕大火”让这座历史名城“付之一炬”。

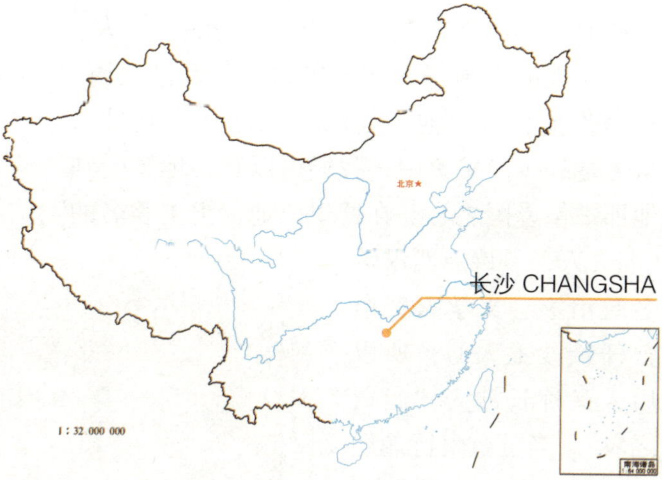

长沙山清水秀，气候宜人，有“霜叶红于二月花”的岳麓山，有“春来江水绿如蓝”的湘江；这里人杰地灵，历史悠久，有在海内外享有盛名的马王堆汉墓、千年学府岳麓书院和走马楼简牍。“唯楚有才，于斯为盛。”在中国近现代史上，长沙更涌现出一批著名的政治家、军事家和文学家，对整个中国的近现代史产生了非常深刻的影响。

【走读】

“湘江北去”流不尽风流人物

◎ 单艳艳　谢英杰

文化名城长沙确实人杰地灵，人文荟萃，名贤辈出。

传说始祖炎帝和黄帝都曾来过长沙。司马迁的《史记·五帝本纪》中说，黄帝曾“披山通道，南至于江，登熊、湘”，后来就把长沙这片土地封给了他的儿子少昊氏。宁罗泌《路史》记载：少昊氏“始于云阳，胙土长沙”（“胙”即赏赐之意）。传说中的少昊氏是远古长沙的一个氏族首领，是开发长沙的第一人。

伟大的爱国诗人屈原曾行吟于沅湘之野，虽然被流放，但他“处江湖之远则忧其君”，从《楚辞·渔父》中，我们可以真切地感受到他那拳拳爱国之心。在这里，他留下了著名的《湘夫人》一诗。西汉著名政治家、文学家贾谊曾任长沙王太傅，所以后人又称长沙为“屈贾之乡”。当贾谊南行途经湘江时，望着滔滔江水，思绪联翩，写就了一篇《吊屈原赋》，以表达对屈原的崇敬之心，并抒发自己的怨愤之情。贾谊在长沙第三年的一个黄昏，有一只鸟飞进了他的住房里。鸟就是猫

岳阳楼

头鹰，当时人们认为这是一种不吉利的鸟。贾谊谪居长沙，本来就心情忧郁，如今猫头鹰进宅，更使他伤感不已，于是写了一篇《鸟赋》，对世界万物的变化和人间世事的沧桑作一番感叹，同时也借此宽慰自己。此时此地，贾谊的思想感情十分复杂，这也许是他最终郁闷而死的原因之一。

开创诗歌顶峰的唐朝，一批文人骚客来到长沙。“诗仙”李白在此留下了“一为迁客去长沙，西望长安不见家”的千古佳句。“诗圣”杜甫，晚年漂泊到长沙，也写出了不少脍炙人口的力作，广为流传的是《登岳阳楼》。诗中写道：

昔闻洞庭水，今上岳阳楼。
吴楚东南坼，乾坤日夜浮。
亲朋无一字，老病有孤舟。
戎马关山北，凭轩涕泗流。

诗的上联写景，实写中又寓想象，特别是“坼”“浮”二字，把洞庭湖的景象写得壮丽而生动。下联是抒情，抒写自己的不幸遭遇。诗人为何如此不幸呢？边防吃紧，国家多难，抒一己之情，洒忧国之泪，诗人开阔的胸襟与登岳阳楼观潮的壮阔图景相匹配，从而使全诗达到情景交融的佳境。他的《岁晏行》《蚕谷行》和《江南逢李龟年》等都是这一时期的作品。

还有杜牧的那首《山行》更使长沙闻名遐迩、家喻户晓：

远上寒山石径斜，白云生处有人家。
停车坐爱枫林晚，霜叶红于二月花。

这首诗描绘的是秋天之色，展现出一幅动人的山林秋色图。诗人没有像一般文人那样悲秋伤时，而是通过描写一片红色展现出山林热烈蓬勃的景象，体现了豪爽向上的精神，一股飒爽俊拔之气溢于笔端，展现出诗人的才气和见地。诗里描写的山路、人家、白云、红叶，构成一幅和谐统一的画面。这些景物不是并列地处于同等地位，而是有机地联系在一起，有主有从，有的处于画面的中心，有的处于陪衬地位。简单说来，前三句是宾，第四句是主，前三句为第四句描绘背景、营造气氛，起铺垫和烘托作用，第四句以一个“爱”字领起，满心欢喜地赞美枫叶“红于二月花”。这首诗不仅写景如画，而且表现了诗人豪爽乐观的精神风貌。

橘子洲头

除了李白、杜牧，司马迁、韩愈、柳宗元、朱熹、辛弃疾等也曾“一为迁客去长沙”，留下了“夜醉长沙酒，晓行湘水春”的诗文，抒发了他们“为爱岳麓山，系舟城边柳”的情怀。

被古人誉为“此地既佳丽，斯人亦豪荣”的“屈贾之乡”长沙，在中国近代史上，也是一个重要的策源地。清朝末年，太平军攻打长沙，曾国藩、

湘江沿岸

曾国荃、左宗棠、胡林翼等人虽然镇压了太平天国，但也作出不少贡献，如发起意义重大的洋务运动、收复新疆等，这些都对中晚清的中国造成了深远的影响。“戊戌六君子”之一的谭嗣同在长沙兴办过时务学堂，最后留下了《狱中题壁》一诗：

岳阳楼

望门投止思张俭，
忍死须臾待杜根。
我自横刀向天笑，
去留肝胆两昆仑。

谭嗣同是为变法而流血的第一人，“我自横刀向天笑，去留肝胆两昆仑”成了千古流传的名句。

历史翻开了新的一页。新民主主义革命时期，毛泽东、蔡和森、刘少奇等志士仁人，也曾在长沙度过“风华正茂”的“峥嵘岁月”，岳麓山、船山学社、清水塘、省立第一师范等地还留有他们的身影。尤其是毛泽东，他不仅使母校“湖南第一师范”名扬天下，而且一首《沁园春·长沙》也让原本就是“中国第一沙洲”的橘子洲蜚声海内外。

漫步长沙，如同走在历史的隧道中，我们不仅见识了对中国历史影响深远的风云人物，还欣赏到了古代劳动人民的智慧结晶。这里的岳麓书院、岳阳楼、马王堆汉墓、爱晚亭、橘子洲，这里的贾谊古宅、黄兴墓、蔡锷墓、李富春故居、杨开慧故居，这里的人和事都将留存在我们的记忆中，并将在中华民族的历史长河中画上厚重的一笔。

【胜迹】

游览建议路线

岳麓书院 橘子洲 岳阳楼

长沙及周边名胜分布示意图

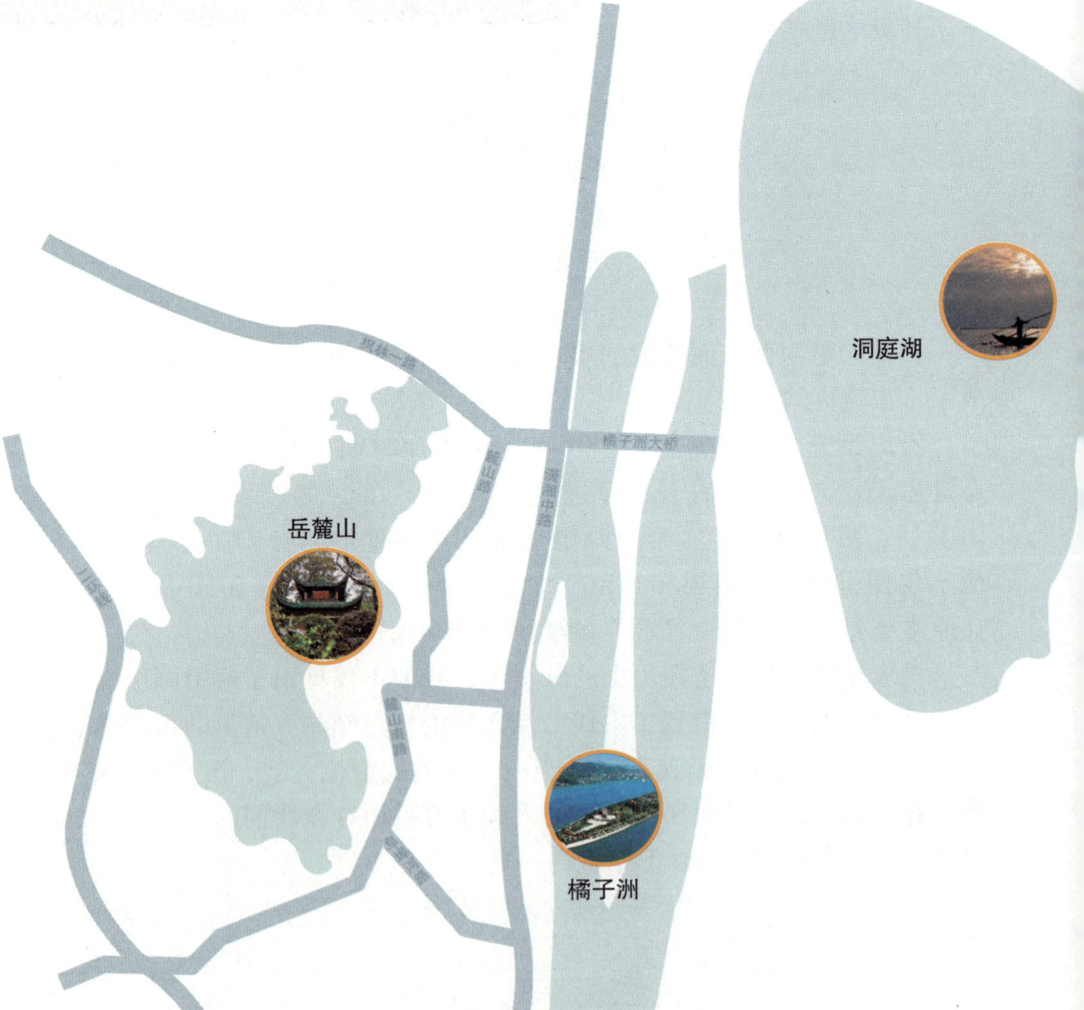

沁园春·长沙

毛泽东

毛泽东 像

独立寒秋，湘江北去，橘子洲头。看万山红遍，层林尽染；漫江碧透，百舸争流。鹰击长空，鱼翔浅底，万类霜天竞自由。怅寥廓，问苍茫大地，谁主沉浮。

携来百侣曾游，忆往昔峥嵘岁月稠。恰同学少年，风华正茂；书生意气，挥斥方遒。指点江山，激扬文字，粪土当年万户侯。曾记否，到中流击水，浪遏飞舟。

（苏教版高中语文必修一）

岳阳楼记

【宋】范仲淹

（正文略）

范仲淹 像

望洞庭湖赠张丞相

【唐】孟浩然

八月湖水平，涵虚混太清。
气蒸云梦泽，波撼岳阳城。
欲济无舟楫，端居耻圣明。
坐观垂钓者，徒有羡鱼情。

孟浩然 像

山　行

【唐】杜　牧

远上寒山石径斜，
白云生处有人家。
停车坐爱枫林晚，
霜叶红于二月花。

杜牧 像

【名篇】

走马观花话长沙

◎ 谢冰莹

长沙郡，秦时全国三十六郡之一，历代沿袭，直至今日。一次偶然的会议，我们来到这个城市，开始了短暂的长沙之行。

长沙给人的第一印象是没有北方城市的大气，隐隐透出一丝婉约和清秀。其实她是充满活力的不夜城。

次日出门一看，长沙果真透着南方的灵秀。人们个头普遍不高，街上胖人鲜见，男男女女都很匀称苗条。听人介绍，本地的平均收入并不高，可服务消费却颇为发达，半夜两三点钟，街上还熙熙攘攘。我们去的是一条商业步行街，两边商铺林立，人潮涌动，入夜也繁华不息。

五一大道是长沙最主要的干道，东起火车站，西至湘江大桥。路挺漂亮，两旁的长沙“市树”——香樟郁郁葱葱，亭亭玉立。比起成都，长沙更整齐明净；比起昆明，她又显得丰满有致；就连跟“九省通衢”武汉相比，在城市格局上长沙也不输半分。这恐怕和当年的那场“文夕大火”有关。长沙是一座颇有年岁的古城，但众所周知它曾毁于战火，整座城市化为一片废墟，这当然是件令人痛心的事，可正是如此长沙才有了今天焕然一新的面貌。

每座城市都会有一个最热闹的地方，长沙最繁华的地段当属黄兴路。这条步行街与五一大道垂直相连，在这里可以充分感受到长沙的市井文化。

黄兴路上有一个以小吃享誉全国的百年老店——火宫殿。火宫殿以及饮食一条街是2005年开发的小吃新地界。长沙的小吃，种类众多，很多都是长沙所独有。每到晚上，前来吃小吃的人络绎不绝，即使过了深夜12点，依然人满为患。湘菜是全国闻名的菜系，著名湘菜有：浏阳蒸菜、乡里腊肉、宁乡口味蛇、剁辣椒炒肉、黄鸭叫、红烧肉、四方坪土鸡、潭州瓦罐、竹香鱼、浏阳火焙鱼等。20世纪90年代前后，长沙开始推出土菜系列，代表菜式有剁椒鱼头、烟熏腊肉等。

湘江暮色

我们来到湘江岸边的时候是中午，碧绿的江面上浮光跃金，几艘渔船往来作业，零星的江鸥自在飞行，显出一幅祥和的画面。此情此景不禁让我回忆起自己的童年：也是这样的一条江，也是这样的温馨场景，岸边一群孩子在嬉戏……虽然现在的我们会为自己的不断成长而高兴，可儿时的时光是那样美好，如果有可能我们依然愿意重来。眼前的湘江很宽，是我迄今为止见过最开阔的江面之一。此前，我们定义的宽阔从扬子江变成长江，又从长江变成嘉陵江，再从嘉陵江变成钱塘江，直至今日来到这里才发现天外有天。

站在湘江大桥，可纵览橘子洲。若只介绍它是“中国第一沙洲”你可能比较模糊，那么提到“独立寒秋，湘江北去，橘子洲头”，你一定会发出“哦，原来是这儿”的感慨。它是中国内陆第一大冲击沙洲，宽阔的湘江都被它顺流隔开了很长一段，恐怕名声在外的都江堰和鹦鹉洲也要相形见绌。

湘江的另一边被当地人称作河西，也就是岳麓区。世界三大最古老的学府、我国古代四大书院之一——岳麓书院就坐落在岳麓山脚下。岳麓区相当于一个大学城，湖南大学、中南大学和湖南师大三校并立，营造出一种极浓的文化氛围。与其他大学城不同的是，湖南大学的教学楼可以和湖南师大的

鸟瞰橘子洲

教学楼并排而建，而中南大学的学生还可以跟湖南大学的学生同住一幢宿舍楼。这样也许不利于各自的管理，但方便了不同学校间文化的融合。在长沙的每个晚上，我们都会在各个学校间游走，不为别的，只为感受属于这里的特质。赋予这里特质的是抬眼即见的岳麓山。岳麓山公园就在书院后面，拾级而上，爱晚亭四周郁郁葱葱，最多见的还是名人的墓冢。登顶后乘索道而下，9月的长沙，清凉的风吹拂着脸庞，撩拨着情愫，任自己的思绪飘逸。

作为一个观光客，和所有人一样，我在对一个城市有了盲人摸象般的了解后，又踏上了新的征程。但多少风流人物挺立中流的长沙故地，橘子洲头，将会成为我挥之不去的永恒记忆。

谢冰莹（1906—2000）

原名谢鸣岗，字凤宝，湖南新化人。小时随父读四书五经，后就读于湖南省立第一女校，未毕业即投笔从戎，于1926年冬考入武汉中央军事政治学校。次年参加北伐，著《从军日记》。抗战爆发后组织湖南妇女战地服务团，赴前线参加战地工作，写下《抗战日记》。抗战后期还在重庆主编刊物。曾任北平女师大、华北文学院教授。代表作《女兵自传》相继被译成英、日等10多种文字。

【今作】

亲近长沙（节选）

◎ 冯伟林

一、长沙情结

我有好多次离开长沙到更大的城市工作和生活的机会，我都放弃了，虽然有很多原因，但最主要的，是心灵深处的情感牵挂。我割舍不了这片热土，我愿意与她天天亲近。好男儿志在四方的道理我懂，少年时老师就说，青山处处埋忠骨，何须马革裹尸还。

听老师的演说，豪情万丈，涂画过一篇篇真情激越的理想文章。逝者如斯，激情燃烧的岁月过去了，我早已为人夫父，天天喝湘江水，翻中国书，感受长沙的变化，随着长沙一起成长。

从懂事起，父亲就带我逛岳麓书院，让我背诵那些我搞不清有什么用的诗书。他这样把

洞庭湖美景

爱晚亭

我牵入历史，让我的生命从童年时代起就显得那么漫长。

三千年长沙的故事，看了一遍又一遍，我的少年时代过早地染上了历史的流痕。屈子怀沙，贾生谪楚，朱张会讲，曾国藩组建湘军……我的心理是由这些事物构成的，以至我的人生理想，我对生命的理解，我对世界的认识，都被这些左右。

我甚至想，我的生命不是四十年前开始的，是从三千年前就开始了。

这就是我的长沙情结。

是的，每个人都有很多理由来留恋故土，怀念家乡。像李白仗剑去国，浪迹天涯，一不小心，一脚踏出故乡的门槛，咬咬牙，在十字路口望一望故乡的背影，一刻不停地转身离去。他也许是怕回到故乡再也不忍心出走！这种情形在中国史书上很少见到。

因为中国只有一个李白，世界也只有一个李白。后来我读唐史，为自己留恋故土的情绪找到了一个解释。我发现李白的故乡很不确定，先祖曾流放西域，祖籍陇西成纪，出生于中亚的碎叶城，五岁后生活在四川绵阳。一个连自己故乡都不能确定的人，就只好把神州处处作家乡了，他曾在长沙停留数月，在这里写过不少诗，甚至也把这里当作故乡，说："我本楚狂人，凤歌笑孔丘。"

离别故乡，在外便是流浪，便是一只在大海上漂泊不定的船。也许发达了，春风得意。可一觉醒来，发现四壁皆空，灵魂深处有一双故乡的眼睛在注视着。我曾有过一段离别的日子，那是去一个很远的地方求学。

欢乐与忧伤，怀想起来带有几分惆怅。

我是这样依恋长沙，不仅因为长沙是我的故土，不仅因为长沙是全国首批公布的24座历史文化名城之一。长沙在中国版图上，始终是一个亮点；在世界版图上，始终是一块耀眼的宝石。

这些年，我因公走访过世界上很多国家。我总爱把游览过的城市与长沙进行比较。长沙的厚重，长沙的秀丽，长沙的繁华，是世界上很多城市不能与之相比的。比如世界第一大城市墨西哥城，整天是一张灰蒙蒙的脸子，一片杂乱，一串拥挤，怎么能与我的长沙相比？比如西方的一些城市，虽然把百年的物什当作古迹来观赏，虽然整洁亮丽，虽然现代气息袭人，但我仍然固执地说，梁园虽好，不是家乡，哪有长沙的勃勃生气？

有时出访二三十天，不到十天，我就想回家了，一刻也不愿停留。还是长沙好。一下飞机，踏上长沙的土地，就像英雄安泰扑进了大地母亲的怀抱一样，感到真真切切，踏踏实实。

好多次，我想提笔写写长沙。写长沙的文章实在很多，长沙的史料成捆成扎，有晋代郭仲产的《湘州记》，有宋代赵善俊的《长沙志》52卷，有明代杨子林的《嘉靖·长沙府志》6卷，有清康熙年间湖南巡抚赵中乔的《长沙地名赋》，等等，甚至马王堆汉墓出土的古籍、走马楼出土的三国孙吴简牍，要专门建博物馆来收藏，太多太多。那些，都留给历史学家和文物工作者吧。

我们，只要到长沙街头走一走，感受长沙的现代气息，领略长沙的山水风情，越过三千年时间隧道，那英雄的豪气，那文化的魂魄……会使你深深地迷醉。这种迷醉，有一种宗教式的神圣与庄严。

写到这里，我忽然想起艾青先生的两句诗：“为什么我的眼里常含泪水？因为我对这土地爱得深沉！”

这首诗，是诗人在湖南写的。

二、三千年繁华与苍凉

我的长沙，一个历史大遗存。古今城址重合，古今城市中心重合，而且从战国一直延缓至今的都市在中国屈指可数。“陆有玉璞，水有珠胎。”岳麓为屏，湘江为带，水陆洲浮碧江心，浏阳河曲绕郊外，湖泊星布，岗峦交替，城廓错落其间。汉代定王台、贾谊故居，唐五代的园林、寺庙，宋代的书院，明代的王府、城阁等古建筑都有自己的特色和风格。

杜甫有感于长沙的秀丽山河和繁华市景，随口吟唱《清明》：“著处繁花务是日，长沙千人万人出。渡头翠柳艳明眉，争道朱蹄骄啮膝。”在韩愈和杜甫之后，诗人李白、柳宗元、刘长卿、杜牧、李商隐、杜荀鹤、欧阳修、范成大、杨万里、袁枚……纷纷赶来，“一为迁客去长沙”，美丽的山水让这些文化巨匠们激动不已，按捺不住自己喜悦的心情，都争着为这片神奇的土地吟诗作赋。

长沙一角

一生忧郁的宋代词人戴复古，一到长沙心情就像春天般愉悦，就泼墨挥毫：“长沙沙上寺，突兀古楼台。四面水光合，一边山影来。静分僧榻坐，晚趁钓船回。明日重相约，前村访早梅。”连从未到过湖南的明代名臣于谦也写了《壁间画潇湘八景》，为长沙壮色。

在唐太宗李世民的上谕中，把长沙称作潭州。皇帝金口玉言，长沙就叫潭州了。在这之前，长沙曾叫青阳，《史记·秦始皇本纪》中记载：秦王统一天下，楚王惊恐之余，答应‘献青阳以西’。

后来，人们按星宿分野，把与轸宿“长沙星”对应的这块地方叫长沙，或曰“星沙”。唐张守节《史记正义》云：“长沙一星在轸中，主寿命。”又云长沙星明则“主长寿，子孙昌”。这是一种多么美好的愿望。

长沙还有“万里沙祠”“沙长如米”“长沙洲”“祭祀女神的地方”等说法。每一种说法都能演绎一段美丽的传说。

长沙名称的演变，折射出这座古城数千年的沧桑。在尧帝之前，长沙为扬越之地，属古三苗国。黄帝“南至于江，登熊、湘”，把熊湘封给他的儿子少昊，熊湘即为长沙。炎帝教耕，“崩葬于长沙茶乡之尾”，舜帝南巡，“葬在长沙零陵界中”。禹分九州，长沙在荆州境内，至今岳麓山还留有禹王碑、禹迹溪等胜迹。春秋时期长沙纳入楚国版图，战国时已建城邑，为楚南重镇。秦始皇统一中国，设三十六郡，长沙郡名列其中。

自此，长沙作为地方一级行政区划的治所存世，历代相传。北魏人郦道元在公元520年秋天到了长沙，住月余，在《水经注》中写道：

“湘水又北，左会瓦官水口。……又经船官西，湘州商舟之所次也。北对长沙郡，郡在水东，州城南，旧治在城中，后乃移此。……又右经临湘故城西，西治湘水滨，临州侧，古即名焉，……汉高祖五年以封吴芮为长沙王，是城即芮筑也。……晋怀帝以永嘉元年分荆州湘中诸郡立湘州，治此；城之内，郡廨西陶侃庙，云旧是贾谊宅。”

郦道元是地理学家，他的叙述是以湘江为参照物，湘江从南向北流，有关长沙城的情况是从南向北相对而言。他的笔下，长沙为商船咸集之所，其水面之阔，令人无法想象。

商船咸集，人声鼎沸，长沙必有无法想象的热闹和繁荣。

而从湖南全境看长沙，清人卞宝第作了很好的描述："（湖南之地）演迤延属，周袤三千余里，城邑屯戍以百计，绮交棋布，错若犬牙，而以长沙一郡为抚治，卫内则资乎衡、宝、岳、常，捍外则恃乎辰、沅、永、靖，（长沙）居中控驭，远驾不劳，斯亦形势之全胜也。"按卞宝第的说法，长沙成为湖南的政治、文化、经济中心是自然的事了。

三千载春秋几许；三千年云月几许。

我要说，感谢三千年的人文给我的长沙辉煌瑰丽的赠与！

三、豪情如虹胆如虎

近读《长沙晚报》，有则消息，在全新的展览馆路上，将设立一组辛弃疾与营盘街的主题雕塑，年底与市民见面。辛弃疾要"重回"营盘街了，长沙市民非常兴奋。

是的，一个没有英雄人物的年代，跳梁称雄，少年追风，真正的英雄在哪里？人们期待英雄时代的降临，也许是奢求，那么，就在历史人物中去寻找吧！

在宋代大词家中，我最喜欢辛弃疾。他的词章气壮山河，有黄钟大吕之韵。一句"我最怜君中宵舞，道男儿、到死心如铁。看试手，补天裂"，让多少男儿夜不能寐，远赴疆场，视死如归！比如"想当年，金戈铁马，气吞万里如虎"，比如"了却君王天下事，赢得生前身后名"，等等，感天动地。

那份豪情，那份沉重，那份悲怆，常常让我感动不已。

大词人落脚长沙，是来做长沙的最高行政长官的。

这是 1179 年（宋孝宗淳熙六年）春的事，辛弃疾 39 岁。在这之前，一直郁郁不得志，尽管他捧着一颗赤子之心，有

天子山一角

着痛切的疾恶之意，有着强烈的爱国之情，有着傲然的国士之骨。金主完颜亮大举兴兵南犯，山河破碎。

而南宋朝廷由投降派把持，“人间万事，毫发为重泰山轻”，辛弃疾被折弄成栽花种树的闲人了。他刚刚写完《菩萨蛮》“郁孤台下清江水，中间多少行人泪。西北望长安，可怜无数山。青山遮不住，毕竟东流去。江晚正愁余，山深闻鹧鸪”，就接到了朝廷的任命。

这个暮气沉沉的南宋王朝，总盼望有缕春光照亮。

辛弃疾来了。

长沙人用陌生眼光打量这位名闻遐迩的大词人。

一个豪放不羁的文人能做好地方官？

辛弃疾要组建飞虎军，他要用足用活皇帝给的权力，要用权力来实现自己的理想抱负，要用权力来为国家和人民做些有益的事情。

一声令下，抱负在胸的词人要建造新的营房。

在长沙城走来走去，辛弃疾看中了昔日马殷的兵营（今展览馆路）。他是要效法马殷。马殷做唐朝末年的潭州刺史时，是铁腕人物，“上奉天子，下抚士民”，内靖乱军，外御强番，用十几年的征战，消灭了湖南境内的割据势力，实现了湖湘的统一。

在修造营棚的时候，适逢秋雨连绵，所需的20万片瓦无法烧制。辛弃疾令全城居民，两日内每家供送20片瓦。听说为建飞虎营需要瓦片，捐砖捐瓦者络绎不绝。铺砌道路需要大量石块，辛弃疾又令全城在押囚犯，到长沙城北的驼嘴山去开采，并规定将根据各人开采的数量作为减刑的依据。囚犯们个个争先恐后，凿的凿，抬的抬，所需石块在很短的时间内备齐。

李富春故居

各方人才云集到辛弃疾的麾下。

飞虎军有步兵两千，骑兵五百，都是壮健勇武之士。辛弃疾亲自坐镇，督促操习，严申军纪，勉励将士忠君爱国，报国雪耻。

金军来犯，辛弃疾带领飞虎军开赴前线。长沙大地，于是就变得雄浑苍凉，于是就有了铁马秋风的戎守，有了麓山射虎的壮举，有了强渡湘江的呼喊。

飞虎军战无不胜，金人闻“虎”丧胆，十分畏惧湖南蛮子组成的“虎儿军”。

长沙人开始用新的目光打量这位善诗词歌赋的安抚使。戎马生涯方显男儿本色，满腹诗情撒入逐敌的马蹄，汇成宏丽悲壮的吟唱。

长沙人为拥有辛弃疾而自豪，为拥有飞虎军而感到光荣，为生在这座城市而满足。

后来，飞虎军守卫长沙沿线三十年，是维护南宋政权最重要的军事支柱，“雄镇一方，为江上诸军之冠”。

七百多年后，曾国藩在长沙组建湘军，细细想来，该是飞虎军的延续！

但长沙人终究没有能留住这位“文章太守”。飞虎军这么厉害，让朝廷的小人开始注意这位胆大的读书人。是不是辛弃疾另有所图？这人太强硬，太不安分，太有傲骨，太自作主张，“用钱如泥沙，杀人如草芥”，以后朝廷还管得了吗？干脆，随意找个理由把他罢免。

长沙街景

小人们只重权谋，才不管国家安危和人民安定呢！“文官三只手，武官四只脚”，上上下下都在肆意作践风雨飘摇的大宋江山。

辛弃疾含泪离开长沙。

此后在二十多年的隐居生活中，他总是怀念在长沙的时光，长沙山水在他的梦里。他曾在福建写《水调歌头》说：“长恨复长恨，裁作短歌行。何人为楚舞，听我楚狂声。”他以“楚狂”自许，以做长沙人而自豪。

或许，他最风光，最有作为，人生最有意义的年华是在长沙度过的。

英雄词家走了，壮志难酬。他为之尽忠的南宋王朝抛弃了他。

寂寞中，他一再哀叹：“知我者，二三子！”

有的人走了，身影也随之消失；辛弃疾走了，却给一个朝代投下长长的身影。

刚强的英雄外壳，其实也包藏着一颗柔弱的灵魂；曾经显赫殊荣的尊位，

辛弃疾画像

其实也交踞着难以驱赶的寂寞和孤独。八百多年以后，我在展览馆路踟蹰，再也见不到飞虎军的营盘与旗帜，有的，是熙熙攘攘名来利往的行人。

恍惚间，我分明听到辛弃疾英雄末路的悲哀：“不念英雄江左老，用之可以尊中国……甚当年，寂寞贾长沙，伤时哭。”

长沙拥有一个辛弃疾，便不再孤单。

辛弃疾为长沙点燃了自信的英雄火种，而长沙从此有了更多的期待。

其实，在辛弃疾之前，李纲、岳飞、刘琦、张孝祥都做过长沙的最高行政长官。后来，朝廷又派来了真德秀、魏了翁、江万里、文天祥等。一个个气吞山河的英雄，支撑着那个王朝。

国家存亡之秋，是长沙的英雄时代。

可我以为，长沙的英雄时代，是从辛弃疾开始。

在这之前，或在南宋以后，长沙太秀气，太柔弱，太文质彬彬。比如说孙坚、谢安、孙盛、陶侃、张邵、褚遂良、李允刚、季本、文天祥、赵申乔、番宗洛、陈宝箴、黄遵宪，他们在长沙做太守，做都尉，做刺史，做知州，做巡抚，或为一代名将，或为当世名臣，或为一代循吏，把长沙治理得井井有条。比如说樊哙、马援、黄忠、关羽、李靖、黄巢、潘美、张浚、韩世忠、钟相、杨么、何腾蛟、张献忠……一个个横刀立马，抽刀断水，在此挥兵鏖战，一次又一次地掀起血雨腥风。

我不否认他们的盖世功勋，他们的故事，扣人心弦，荡气回肠，长沙为拥有他们而满足。可我循着他们未竟的足迹追寻的时候，总感到少了点什么。

是什么呢？

写到这里，我不能不说说李芾。

1275 年 4 月，元军围攻长沙。

潭州军民在知州兼湖南安抚使李芾率领下，展开了一场英勇的保卫战。数万元军兵临城下，而长沙能作战的军民只有三千。敌我悬殊，危如垒卵，是一场无法打赢的战争。

有人劝他逃跑，李芾正色说："吾世受国恩，虽废弃中，犹思所以报者，今幸用我，我以家许国矣！"（《宋史·忠义传》）

李芾说这话的时候，大抵是一个夜晚。远处的城楼上，不时传来军士巡夜的刁斗声；而在由北向南的驿道上，快马正传送着十万火急的捷报，那嗒嗒的马蹄声不仅使夜色惊悸不安，也足以使一个末日的王朝瑟瑟发抖。

他本来是一个文弱的儒生，他明白，在浩浩狼烟和刀光铁血面前，他的文化人格，只能归结于寂灭和苍凉，归结于一场无可奈何的悲剧性体验。他只能有这种选择。有时候结局并不重要，重要的是走向结局的过程。

所以李芾的开场白，今天读来，仍然感到澎湃涌动的凛然正气。多少抗争与呐喊，多少谋略和鲜血，多少英雄泪和儿女情，把走向结局的每一步演绎得奇诡辉煌，令人心旌摇动而又不可思议。

李芾在城中矢尽之时，令百姓将废箭磨光，配上羽毛，用以再射；盐尽，则将库中盐席焚毁，取灰再熬，分给兵民食用；粮绝，则捕雀捉鼠充饥。有将士受伤，李芾亲自抚慰，给予医药。他日夜巡视城郭，深入兵民之中，以忠义勉励部属。元兵派人来招降，被李芾抓住，当场诛杀。

坚守了好几个月。援兵不至，城池危在旦夕。

农历除夕之日，李芾的参谋尹谷听到元兵已登城，乃积薪闭户，全家人坐在一起，举火自焚。邻居来救，只见尹谷正冠端笏危坐于烈焰中，全家老少葬身火海。

李芾闻讯赶到，以酒祭奠，哭道："尹谷真男子也，先我就义矣！"李芾传令，手书"尽忠"二字为号，决心与长沙共存亡。

李忠节公祠

眼看城破在即，李芾端坐熊湘阁，令部将沈忠将他的全家老少集中在一起，积薪焚尸，然后自刎而死。

沈忠放火焚烧熊湘阁，再回家杀了自己的妻子，然后纵身火海。

消息传出，全城军民杀身殉国者众。

岳麓书院的几百学生，在保卫长沙的战斗中，英勇无畏，城破后，大多自杀殉国。与李芾协力围守城池的安抚使参议杨霆，善于出奇应变，奋勇守城，多次立功，城破后也跳水自尽，妻妾奔救不及，也一道殉难。

长沙百姓誓死不为元军俘虏，“多举家自尽，城无虚井，缢林木者，累累相比”（《宋史·忠义传》）。

李芾把自己和长沙军民放到了一座巨大的悲剧祭坛上，用自己喷涌的热血和强悍的生命作为牺牲，祭奠那怆然傲岸的民族精神。于是，长沙留给元军的是一座空城；留给后人的，是不朽的气节。

仅仅一百多年，元朝就走向了末日，汉人执政的明朝，在李芾殉难的熊湘阁修建了李忠节公祠，大学士李东阳为此赋诗：

长沙竹枝词

马殷宫前江水流，
定王台下暮云收。
有井犹名贾太傅，
无人不祭李潭州。

李忠节公祠一角

长沙可以过得很柔情；长沙也可以过得很残酷。

我想，在生命极其黯淡的岁月，使命是高悬于头顶的永不熄灭的灿烂星光。辛弃疾、李芾等人，正是把使命看得重于生命的英雄。在他们眼里，祖国与民族超乎一切之上，他们的英雄主义不纯粹囿于个人的天地，如一座孤峭离群的山峰，是神州之上的万山磅礴，是后土之上的大江奔流！

滕王高阁临江渚

南昌

【图说】

南昌古称灌城，又名豫章、洪都，为江西省省会。公元前 202 年，汉高祖刘邦派颍阴侯灌婴率兵进驻南昌，修筑南昌城，取“南方昌盛”之意。

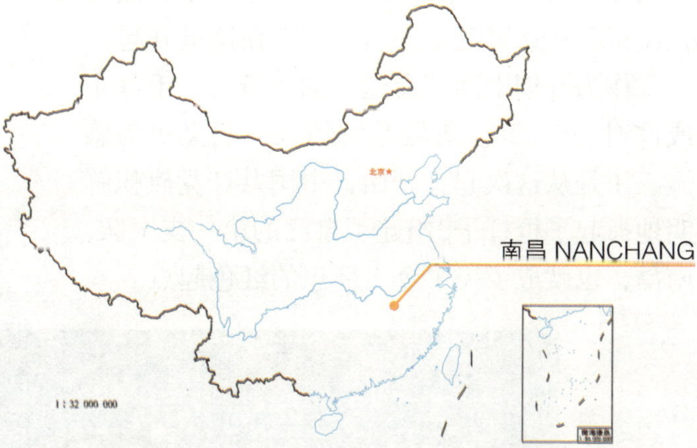

唐朝文人王勃曾在《滕王阁序》中称南昌为“物华天宝，人杰地灵”之地。这里孕育了晋代治水专家许逊、宋代词人晏殊、明末清初画家朱耷和清代《四库全书》编辑彭元瑞等人，滕王阁、绳金塔、八大山人纪念馆、佑民寺、百花洲、水观音亭、西山万寿宫等南昌引以为傲的风景名胜。1927 年 8 月 1 日的南昌起义，使南昌成了一座现代名城。

【走读】

滕阁中春绮席开

◎陆 怡

南昌是座闻名遐迩的“英雄城”，也是有着2200多年历史的古城。正如“初唐四杰”王勃所说：“南昌故郡，洪都新府。星分翼轸，地接衡庐。襟三江而带五湖，控蛮荆而引瓯越……”南昌是一座风景秀丽的山水之城，赣江穿城而过，城外青山积翠，城内湖泊点缀，拥有“湖在城中，城在湖中”的独特景观；南昌又是一座具有光荣革命传统的“英雄城”，人民军队在这里诞生，八一军旗在这里升起。

作为开创中国革命道路的先行者，毛泽东或许对1927年在南昌爆发的八一起义更为感慨。正是从这次起义开始，中国共产党旗帜鲜明地抓起了枪杆子，组建了自己的第一支军队，南昌，也就成了一个令人怀想的红色起点。

滕王阁

然而，历史之舟似乎已随岁月之河漂流远去。毛泽东或许会在滕王阁下徘徊观赏，或许会到江西大旅社南昌起义旧址凭吊感念。但眼前的赣江水，却无疑承载着他的现实思绪，从历史流向未来：

到得洪都又一年，祖生击楫至今传。
闻鸡久听南天雨，立马曾挥北地鞭。
鬓雪飞来成废料，彩云长在有新天。
年年后浪推前浪，江草江花处处鲜。

1965 年毛泽东在南昌写下的这首《七律·洪都》，并没有吟咏洪都往事。诗人 1964 年曾来过南昌，所以说此番一行是“又一年”。这时候他已经 72 岁，不禁生出“鬓雪飞来”的感慨和“成废料”的自嘲。这自嘲当然不是古稀之年的自怜，相反，正是充满信心的豁达和诙谐。诗人坚信自己的身后和历史的前面，不仅有长在的“彩云”和“新天”，更有后浪推前浪一般层出不穷的后继青年。

在谙熟历史演变的毛泽东眼里，这些后继者应该具备什么样的气质品格呢？他想到了东晋初年名垂青史的志士祖逖和刘琨。祖逖和刘琨生长在动乱年代，他们年轻时便怀抱宏大的报国之志，为此闻鸡起舞，刻苦练剑，磨砺意志本领。后来，祖逖带领一百多部下，矢志北伐，船到江尽头，他敲打着船桨发誓：“我祖逖如果不能肃清中原的敌人，决不再渡此江。”

祖逖北伐果然成功。刘琨听到这个消息，感慨地说：“我经常枕戈待旦，立志报国，不想祖逖真的比我先在北挥鞭立马了。”

毛泽东自己不也曾在“南天”浴血奋战，在“北地”立马挥鞭吗？历史上多难兴邦的儿女们的故事，就这样传递着晚年毛泽东的深沉情怀，昭示着他所渴望的新人气象。在插满五星红旗的土地上，毛泽东“播”下诗种，曾期望它长出麦子和钢铁，如今我们更期望它长出全新的文明、全新的人。

滕王阁下的赣江

在缅怀伟人之际，自身的思绪也随着城中的历史遗迹不断翻飞，顺着滕王阁台阶往上再往上，躯体仿佛蜕变为另一位名垂青史的少年作家——王子安，在微醺时神思飞动，笔走龙蛇。

那么多灵秀俊逸的文字高悬在头顶，如同赣江江面上那满天的晚霞，笼罩着苍茫大地。我知道，这些文字从历史的苍苔中渗出，其风骨自然无与伦比。曾几何时，他们为南昌的繁华灵动而慨叹，为南昌的沧桑遗迹而动容，为南昌的历经磨难而伤感……因为他们，这座古城才丰富、饱满、有热情；因为他们，这里才留下无数的诗词歌赋。

遥想1300多年前，唐高祖李渊的第22个儿子李元婴，骄纵失度，太宗发丧期间还召集僚属宴饮歌舞，从而遭到唐高宗李治的切责，于唐高宗永徽三年（公元652年）迁为苏州刺史，寻转洪州都督。次年为了宴饮娱乐方便，他开始大兴土木在赣江边上营建“滕王阁”。这样一个劣迹昭彰、声名狼藉的风流王爷，倘若不是修建了一座如此闻名的滕王阁，早就被扫进历史的垃圾堆了，恐怕连名字也不会有人记得。而滕王阁之所以名扬天下，誉满海内外，除了建筑本身富丽堂皇、宏伟壮观，具有“瑰、伟、绝、特”之美外，其主要原因就在于王勃那篇脍炙人口的《滕王阁序》。

豫章故郡，洪都新府。星分翼轸，地接衡庐。襟三江而带五湖，控蛮荆而引瓯越。物华天宝，龙光射牛斗之墟；人杰地灵，徐孺下陈蕃之榻……

…………

滕王高阁临江渚，佩玉鸣鸾罢歌舞。
画栋朝飞南浦云，珠帘暮卷西山雨。
闲云潭影日悠悠，物换星移几度秋。
阁中帝子今何在？槛外长江空自流。

滕王阁因王勃的《秋日登洪府滕王阁饯别序》(即《滕王阁序》)名扬四海，阁因序流芳百世，南昌古城也因此平添不少文采风流。

继王勃之后，唐王绪写《滕王阁赋》，王仲舒写《滕王阁记》，史书称之为“三王记滕阁”。文学家韩愈也撰文述“江南多临观之美，而滕王阁独为第一，有瑰伟绝特之称”，故有“江西第一楼”之美誉。

滕王阁为历代封建士大夫们迎送和宴请宾客之处，明代开国皇帝朱元璋也曾在此设宴犒赏诸臣，赋诗填词，观看灯火。关于王勃的《滕王阁序》有这样一个故事：

上元二年重阳节，洪州都督阎伯屿携文武官员欢宴于滕王阁，共庆重阳

滕王阁夜景

登高佳节。此时，王勃路经南昌也被邀入席。

酒兴正酣，阎都督请各位嘉宾行文赋诗以记欢宴之盛况。其实阎公是想让略具诗名的女婿孟学士好好展露一手，在座诸公均再三谦让，王勃不谙此道，踌躇应允，满座愕然。只见王勃端坐书案，神情凝重，手拈墨碇缓慢磨墨，借机酝酿才思。阎都督和众宾客看王勃不紧不慢，于是登阁赏景，吩咐小吏随时通报。很长时间，小吏来报，阎都督都默不言语，及至小吏来报“落霞与孤鹜齐飞，秋水共长天一色”，阎都督遂拍手称赞天才之笔，急令众文武返滕王阁开怀畅饮，尽欢而散。

此次盛宴，也因该佳话名垂文史。可惜天妒英才，王勃作序后的第二年，便于探父途中溺水而逝。

假如没有王勃的序，滕王阁早就变成一堆荒土。换句话说，正是王勃的《滕王阁序》赋予了滕王阁文学艺术上的强大魅力，从而使它代代相传。尤其是王勃《滕王阁诗》中的最后两句“阁中帝子今何在？槛外长江空自流”，既是抒发江山未改、景色依旧、物是人非的感慨，又是对高阁命名者滕王李元婴的嘲讽。从王勃的序始，到毛泽东书联“落霞与孤鹜齐飞，秋水共长天一色”止，历朝历代，不是骚人墨客题诗作赋，丽词佳句，妙语连篇，就是历史名人游踪所至，书画铭刻，丹青点染。这些赋予了滕王阁浓厚的文学艺术色彩，也留下了许多饶有兴味的趣闻轶事。滕王阁也就在人们的记忆中永久地留下来，闪烁出动人的光芒。

游览建议路线

秋水广场 滕王阁 象湖公园 八大山人纪念馆

南昌及周边名胜分布示意图

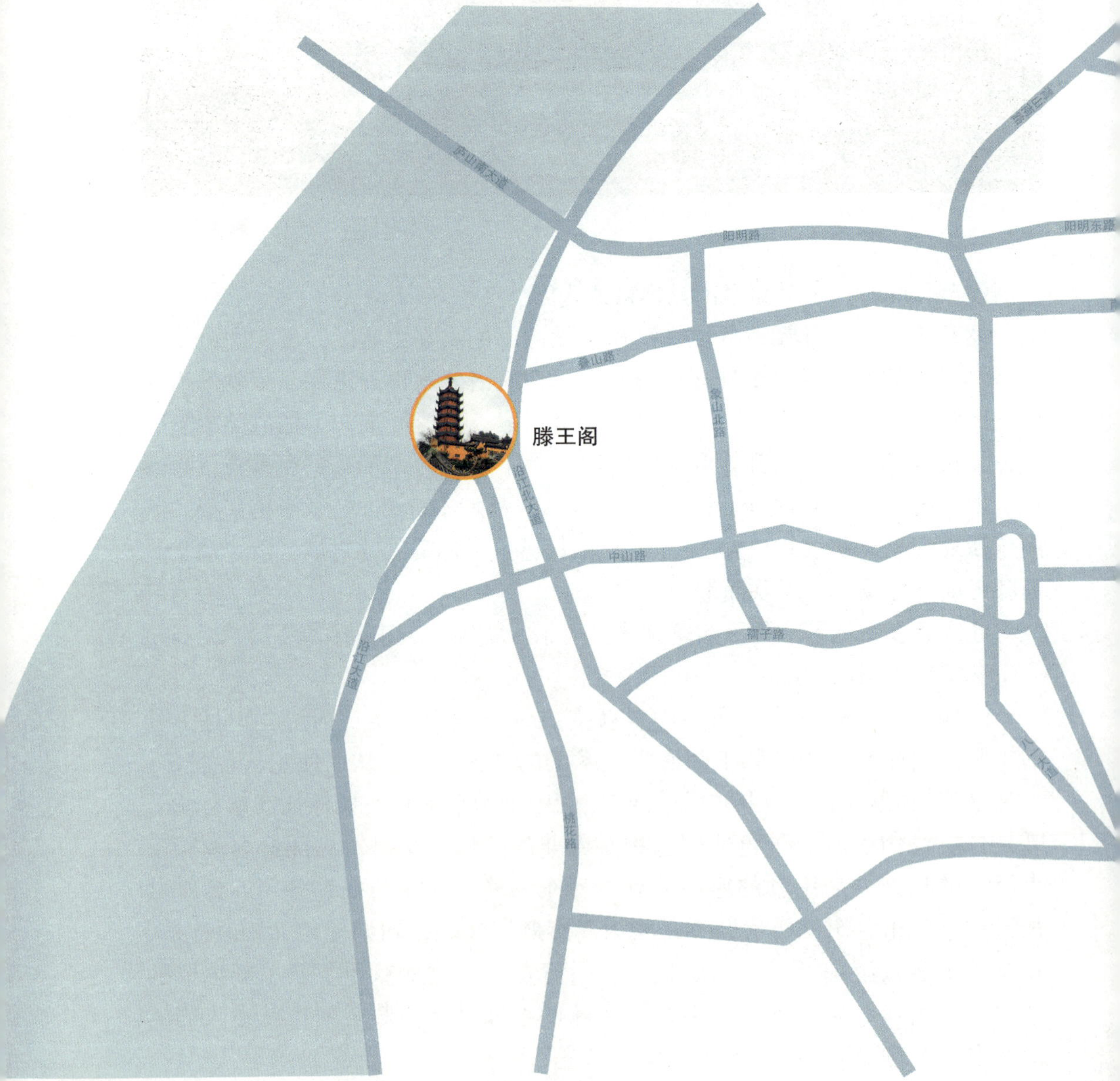

滕王阁诗

【唐】王　勃

滕王高阁临江渚，
佩玉鸣鸾罢歌舞。
画栋朝飞南浦云，
珠帘暮卷西山雨。
闲云潭影日悠悠，
物换星移几度秋。
阁中帝子今何在？
槛外长江空自流。

王勃 像

怀钟陵旧游四首（其二）

【唐】杜　牧

滕阁中春绮席开，
柘枝蛮鼓殷晴雷。
垂楼万幕青云合，
破浪千帆阵马来。
未掘双龙牛斗气，
高悬一榻栋梁材。
连巴控越知何有？
珠翠沉檀处处堆。

杜牧 像

元夕有感

【宋】吴　芾

当涂连岁看烧灯，
又见洪都烂满城。
紫陌人疑春欲晓，
清宵天放月争明。
老逢好景知能几，
暗数流年只自惊。
亦拟樽前成一笑，
吾衰无复旧心情。

吴芾 像

【名篇】

青云谱随想

◎ 余秋雨

恕我直言，在我到过的省会中，南昌算是不太好玩的一个。幸好它的郊外还有个青云谱。

青云谱原是个道院，主持者当然是个道士，但原先他却做过10多年和尚，做和尚之前他还年轻，是堂堂明朝王室的后裔。不管他的外在身份如何变化，历史留下了他的一个最根本的身份：17世纪晚期中国的杰出画家。

他叫朱耷，又叫八大山人、雪个等，是明太祖朱元璋第十七子宁献王朱权的后代。在朱耷出生前223年，朱权被封于南昌，这便是青云谱出现在南昌郊外的远期原因。朱权也是一个全能的艺术家，而且也信奉道家，这都

青云谱

与200多年后的朱耷构成了一种神奇的遥相呼应，但可怜的朱耷已面临着朱家王朝的最后覆没，只能或僧或道，躲在冷僻的地方逃避改朝换代后的政治风雨，用画笔来营造一个孤独的精神小天地了。说起来，处于大明王朝鼎盛时代的朱权也是躲避过的，他因事见疑于明成祖，便躲在自筑的“精庐”中抚琴玩曲。但相比之下，朱耷的躲避显然是更绝望、更凄楚，因而也更值得后人品味了。

斯文宗主牌坊

究竟是一个什么样的院落，能给中国艺术史提供那么多的触目的荒凉？究竟是一些什么样的朽木、衰草、败荷、寒江，对应着画家道袍里裹藏的孤傲？我带着这些问题去寻找青云谱，没想到青云谱竟相当热闹。

不仅有汽车站，而且还有个火车小站。当日道院如今成了一个旅游点，门庭若市，园圃葱翠，屋宇敞亮，与我们日常游玩的古典式园林没有什么两样。游客以青年男女居多，他们一般没有在宅内展出的朱耷作品前长久盘桓，而乐于在花丛曲径间款款缓步。突然一对上年岁的华侨夫妇被一群人簇拥着走来，说是朱耷的后代，满面威容，步履沉重。我不太尊敬地投去一眼，心想，朱耷既做和尚又做道士，使我们对他的婚姻情况很不清楚，后来好像有过一个叫朱抱墟的后人，难道你们真是朱抱墟之后？即便是真的，又是多少代的事啦。

这一切也不能怪谁。有这么多的人来套近乎，热热闹闹地来纪念一位几百年前的孤独艺术家，没有什么不好。庭院既然要整修也只能修得挺刮一点，让拥挤的游客能够行走得比较顺畅。然而无可奈何的是，这个院落之所以显得如此重要的原始神韵完全失落了，朱耷的精神小天地已杳不可见。这对我这样的寻访者来说，毕竟是一种悲哀。

记得年前去四川青城山，以前熟记于心的“青城天下幽”的名言被一支摩肩接踵、喧哗连天的队伍赶得无影无踪。有关那座山的全部联想，有关道家大师们的种种行迹，有关画家张大千的缥缈遐思，也只能随之烟消云散。我至今无法写一篇青城山游记，就是这个原因。幸好有关青云谱的联想大多集中在朱耷一人身上，我还可以在人群中牢牢想着他，不至于像在青城山的山道上那样心情烦乱。

没到青云谱来时我也经常想起他。为此，有一年我招收研究生时曾出过一道历史文化方面的知识题："略谈你对八大山人的了解。"一位考生的回答是："中国历史上八位潜迹山林的隐士，通诗文，有傲骨，姓名待考。"

把八大山人说成是八位隐士我倒是有所预料的，这道题目的"圈套"也在这里；把中国所有的隐士一并概括为"通诗文，有傲骨"，十分有趣；至于在考卷上写"待考"，我不禁哑然失笑了。朱耷常把"八大山人"这个署名连写成"哭之""笑之"字样，我想他见到我这位考生也只能哭之笑之了。

与这位考生一样的对朱耷的隔膜感，我从许多参观者的眼神里也看了出来。他们面对朱耷的作品实在不知道好在哪里，这样潦倒的随意涂抹，与他们平常对美术作品的欣赏习惯差距太大了。中国传统艺术的光辉，17 世纪晚期东方绘画的光辉，难道就闪耀在这些令人丧气的破残笔墨中吗？

对于中国绘画史，我特别看重晚明至清一段。这与我对其他艺术门类历史发展阶段的评价有很大的差别。朱耷就出现在我特别看重的那个阶段中。

在此前漫长的绘画发展历史上，当然也是大匠如林、佳作迭出，有一连串说不完、道不尽的美的创造。但是，要说到艺术家个体生命的强悍呈现，笔墨丹青对人格内核的直接外化，就不得不把目光投向徐渭、朱耷、原济以及"扬州八怪"等人了。

毫无疑问，并不是画到了人，画家就能深入地面对人和生命这些根本课题了。

中国历史上有过一些很出色的人物画家如顾恺之、阎立本、吴道子、张萱、周舫、顾闳中，等等。他们的作品，或线条匀停紧挺，或设色富丽谐洽，或神貌逼真鲜明，我都是很喜欢的，但总的说来，被他们所画的人物与他们自身的生命激情未必有密切的血缘关联。他们强调传神，但主要也是很传神地在描绘着一种异己的著名人物或重要场面，艺术家本人的灵魂历程并不能酣畅地传达出来。在这种情况下，倒是山水、花鸟画更有可能比较曲折地展示画家的内心世界。

山水、花鸟本是人物画的背景和陪衬，当它们独立出来之后一直比较成功地表现了"诗中有画，画中有诗"的美学意境，而在这种意境中又大多溶解着一种隐逸观念，那就触及到了我所关心的人生意识。这种以隐逸观念为主调的人生意识虽然有浓有淡，有荣有枯，而基本走向却比较稳定，长期以来没有太多新的生发，因此，久而久之，这种意识也就泛化为一种定势，画家们更多的是在笔墨趣味上倾注心力了。

所谓笔墨趣味认真说起来还是一个既模糊又复杂的概念，说低一点，那或许是一种颇感得意的笔墨习惯；说高一点，或许是一种在笔墨间带有整体性的境界、感觉、悟性。在中国古代，凡是像样的画家都会有笔墨趣味的。即便到了现代，国画家中的佼佼者也大抵在或低或高的笔墨趣味间遨游。

这些画家的作品常常因高雅精美而让人叹为观止，但毕竟还缺少一种更强烈、更坦诚的东西，例如像文学中的《离骚》。有没有可能，让艺术家全身心的苦恼、焦灼、挣扎、痴狂在画幅中燃烧，人们可以立即从笔墨、气韵、章法中发现艺术家本人，并且从根本上认识他们，就像欧洲人认识拉斐尔、罗丹和梵·高？

很多年以前北京故宫博物院举办过一次历代画展，我在已经看得十分疲倦的情况下突然看到徐渭的一幅葡萄图，精神陡然一震。后来又见到过他的《墨牡丹》《黄甲图》《月竹》，以及我很喜欢的《杂花图长卷》。他的生命奔泻出淋漓而又洒泼的墨色与线条，躁动的笔墨后面游动着不驯和无奈。在这里，仅说笔墨趣味就很不够了，仅说气韵生动也太矜持了。

对徐渭我了解得比较多。从小在乡

徐渭葡萄图

朱耷画的鸟

朱耷画的鱼

间老人口中经常听“徐文长”的故事，年长后细读了他的全部文集，洗去了有关他的许多不经传说，而对他的印象却愈来愈深。

他实在是一个才华横溢、具有充分国际可比性的大艺术家，但人间苦难也真是被他尝尽了。他由超人的清醒而走向孤傲，走向佯狂，直至有时真正的疯痴。他遭遇过复杂的家庭变故，参加过抗倭斗争，又曾惶恐于政治牵连。他曾自撰墓志铭，九次自杀而未死。他还误杀过妻子，坐过六年多监狱。他厌弃人世，厌弃家庭，厌弃自身，但他又多么清楚自己在文化艺术史上的千古重量，这就产生了特别残酷也特别响亮的生命冲撞。浙江的老百姓凭着直觉感触到了他的生命温度，把他作为几百年的谈资。老百姓主要截取了他佯狂的一面来作滑稽意义上的衍生，而实际上他的佯狂背后埋藏的都是悲剧性的激潮。在中国古代画家中，人生经历像徐渭这样凄厉的人不多，即便有，也没有能力把它幻化为一幅幅生命本体悲剧的色彩和线条。

明确延续着这种在中国

绘画史上很少见到的强烈悲剧意识的，便是朱耷。他具体的遭遇没有徐渭那样惨，但作为已亡的大明皇室的后裔，他的悲剧性感悟却比徐渭多了一个更寥廓的层面。他的天地全都沉沦，只能在纸幅上拼接一些枯枝、残叶、怪石来张罗出一个个地老天荒般的残山剩水，让一些孤独的鸟、怪异的鱼暂时躲避。

这些鸟鱼完全挣脱了秀美的美学范畴，而是夸张地袒露其丑，以丑直击人心，以丑傲视甜媚。它们是秃陋的，畏缩的，不想惹人，也不想发出任何声响的，但它们都有一副让整个天地都为之一寒的白眼，冷冷地看着，而且把这冷冷的看当作了自身存在的目的。它们似乎又是木讷的，老态的，但从整个姿势看又隐含着一种极度的敏感，它们会飞动，会游弋，会不声不响地突然消失。毫无疑问，这样的物象也都走向了一种整体性的象征。

中国画平素在表现花鸟虫兽时也常常讲究一点象征，牡丹象征什么，梅花象征什么，喜鹊象征什么，老虎象征什么，这是一种层次较低的符号式对应，每每堕入陈词滥调，为上品格的画家们所鄙弃，例如韩斡笔下的马，韩滉笔下的牛就并不象征什么；但是，更高品位的画家却会去追求一种整体性的氛围象征，这是强烈的精神能量要求在画幅物象中充分直观所必然导致的要求。朱耷的鸟并不具体在影射和对应着什么人，却分明有一种远远超越自然鸟的功能，与残山剩水一起指向一种独特的精神气氛。面对朱耷的画，人们的内心会不由自主地产生一阵寒噤。

比朱耷小十几岁的原济也是明皇室后裔，用他自己的诗句来说，他与朱耷都是“金枝玉叶老遗民”。人们对他比较常用的称呼是石涛、大涤子、苦瓜和尚等。他虽与朱耷很要好，心理状态却有很大不同，精神痛苦没有朱耷那么深，很重要的一个原因是他与更广阔的自然有了深入接触，悲剧意识有所泛化。但是，当这种悲剧意识泛化到他的山水笔墨中时，一种更具有普遍意义的美学风格也就蔚成气候。沉郁苍茫，奇险奔放，满眼躁动，满耳流荡，这就使他与朱耷等人一起与当时一度成为正统的“四王”（即王时敏、王鉴、王翠、王原祁）潮流形成鲜明对照，构成了很强大的时代性冲撞。有他们在，不仅是“四王”，其他中国绘画

原济的画

史上种种保守、因袭、精雅、空洞的画风都成了一种萎弱的存在，一对比，在总体上显得平庸。

徐渭、朱耷、原济这些人，对后来著名的“扬州八怪”影响极大，再后来又滋养了吴昌硕和齐白石等现代画家。中国画的一个新生代的承续系列，就这样构建起来了。我深信这是中国艺术史上最有生命力的激流之一，也是中国人在明清之际的一种骄傲。

齐白石在一幅画的题字上写的一段话使我每次想起都心头一热，他说：“青藤（即徐渭）、雪个（即朱耷）、大涤子（即原济）之画，能横涂纵抹，余心极服之。恨不生前三百年，或为诸君磨墨理纸，诸君不纳，余于门之外饿而不去，亦快事也。”

早在齐白石之前，郑燮（即郑板桥）就刻过一个自用印章，其文为：青藤门下走狗。

这两件事，说起来都带有点疯痴劲头，而实际上却道尽了这股艺术激流在中国绘画史上是多么珍罕，多么难于遇见又多么让人激动。世界上没有其他可能会如此折服本也不无孤傲的郑板桥和齐白石，除了以笔墨做媒介的一种生命与生命之间的强力诱惑。为了朝拜一种真正值得朝拜的艺术生命，郑、齐两位连折辱自己的生命也在所不惜了。他们都是乡间穷苦人家出身，一生为人质朴，绝不会花言巧语。

我在青云谱的庭院里就这样走走想想，也消磨了大半天时间。面对着各色不太懂画，也不太懂朱耷的游人，我想，事情的症结还在于我们没有很多强健的现代画家去震撼这些游人，致使他们常常过着一种缺少艺术激动的生活，因此也渐渐与艺术的过去和现在一并疏离起来。因此说到底还是艺术首先疏离了他们。什么时候我们身边能再出几个像徐渭这样的画家，他们或悲或喜的生命信号照亮了广阔的天域，哪怕再不懂艺术的老百姓也由衷地热爱他们，编出各种故事来代代相传？或者像朱耷这样，只冷冷地躲在一边画着，而几百年后的大师们却想赶过来做他的仆人？

全国各地历史博物馆和古代艺术家纪念馆中熙熙攘攘的游客，每时每刻都有可能汇成涌向某个现代艺术家的欢呼激潮。现代艺术家在哪里？请从精致入微的笔墨趣味中再往前迈一步吧，人民和历史最终接受的，是坦诚而透彻的生命。

【今作】

南昌的路名

◎梁 琴

南昌，一座江南的历史文化名城，2200年的城市年轮刻在古老的樟树上。

西汉初年，车骑大将军灌婴率领一支长途征战的骑兵，赤日炎炎中，突然发现远处一大片蓊郁的樟树林，眼睛为之一亮，绿荫如盖的大树，让征战劳顿的将士们找到了家园般的归宿感。汉高祖五年（公元前202年），灌婴受命在樟树林筑城。从此战功赫赫的将军的名字，就与一座城市永远连在了一起。于是这座城市便有了灌城、豫章郡抑或洪州等称谓。有趣的是，灌婴策马奔跃，当年他洗马的地方，至今仍叫“洗马池”。因此，又有人称“南昌”为“洗马之城”。

推开2200年的古城门，斑驳的旧城墙，

临江大道

八一南昌起义纪念碑

迷宫一般的街巷，穿城而过的赣江，凌空而起的古阁……这便是这座城市的历史。

走过一条条老街旧巷，走过从小就熟悉的“渊明路”“永叔路”“象山路”“叠山路”，还有家门口的“子固路”……我猛然领悟到，这些不经意挂在嘴边的街名，其实大有深意。

由于热爱行走，我曾经探访过许多城市，但像南昌这样集中地以本乡本土的历史文化名人命名的乡贤路，却不多见。

南昌的街名，宛如这个城市的名片，凸显了它的历史底蕴与文化含量。渊明路、孺子路（徐稚字）、永叔路（欧阳修字）、子固路（曾巩字）、象山路（陆九渊别号）、叠山路（谢枋得号）、阳明路（王守仁号）、船山路（王夫之号）、榕门路（原黄梨洲路）、安石路（后易名“八一大道”）。这十大乡贤的名字，如璀璨的星斗在中国文化史上熠熠闪光。王阳明、王船山、黄梨洲虽属外省籍，由于他们在江西的政声受后人景仰，亦被南昌人视为“老俵”。

每当我抬头看到这些街名，除了有一份内心的骄傲，也感觉到一份责任。街名，让南昌人掂量出“薪火相传”这个词的分量。

在南昌，随便走进一条老街，都会牵扯出一串传奇故事。就说中山路，1912 年秋，孙中山从沪上乘船来赣，骑着枣红马，检阅辛亥革命后江西新编第一师和第二师。阅兵式后，孙先生发表演讲，他说：“江西是人杰地灵的好地方，历代以来有文天祥、谢叠山的英雄气节，有欧阳修、黄山谷的道德文章，江西的庐山五老峰代表了江西人的骨气。江西人响应辛亥革命，风起云涌。”中山先生鼓动人心的演讲，让在场的每个人都听得血脉贲张。

南昌的中山路，在中国的历史上还有着特殊的位置。

80 多年前的“八一起义”，打响了武装革命的第一枪。周恩来、朱德等领导的“起义总指挥部”就设在中山路上的“江西大旅社”。前沿指挥作战的贺龙指挥部，设在圣公会教堂，叶挺指挥部设在“心远中学”工字楼。走过中山路，径直东行，一座“瑰伟绝特”的楼阁，矗立于赣江与抚河交汇处，这就是滕王阁。唐才子王勃的“落霞与孤鹜齐飞，秋水共长天一色”，使滕王阁成为流传千古的江南名楼。文坛大家韩愈，一言九鼎，“江南多临观之美，而滕王阁独为第一”，大大提升了滕王阁的知名度。那高悬于阁上的匾额，上书“滕王阁”三个鎏金的大字，正出自苏东坡的手笔。

一座1300多年前的古阁，留下了1300多篇（首）诗文，两个数字奇异的吻合，让人惊叹。在我看来，这座江南名楼，已不再是一石一木构筑而成的，而是用1300多篇诗辞歌赋搭建起来的，它突兀凌霄，恢宏大气，是南昌人永远的精神高阁。

南昌夜景